KB171362

| 실제 및 적용을 위한 가이드북 |

아동 및 청소년을 위한 학교상담

for information:

SAGE Publications, Inc.
2455 Teller Road
Thousand Oaks, California 91320
E-mail: order@sagepub.com

SAGE Publications India Pvt. Ltd.
B 1/I 1 Mohan Cooperative Industrial Area
Mathura Road, New Delhi 110 044
India

SAGE Publications Ltd.
1 Oliver's Yard
55 City Road
London EC1Y 1SP
United Kingdom

| 실제 및 적용을 위한 가이드북 |

아동 및 청소년을 위한 학교상담

Sandy Magnuson, Robyn S. Hess, Linda Beeler 지음 | 양돈규, 이철원 옮김

Σ 시그마프레스

아동 및 청소년을 위한 학교상담

실제 및 적용을 위한 가이드북

발행일 | 2015년 3월 20일 1쇄 발행

저자 | Sandy Magnuson, Robyn S. Hess, Linda Beeler
역자 | 양돈규, 이철원
발행인 | 강학경
발행처 | ㈜시그마프레스
디자인 | 이미수
편 집 | 안은찬

등록번호 | 제10-2642호
주소 | 서울특별시 영등포구 양평로 22길 21 선유도코오롱디지털타워 A401~403호
전자우편 | sigma@spress.co.kr
홈페이지 | http://www.sigmapress.co.kr
전화 | (02)323-4845, (02)2062-5184~8
팩스 | (02)323-4197

ISBN | 978-89-6866-224-9

Counseling Children and Adolescents in Schools

Practice and Application Guide

* 책값은 책 뒤표지에 있습니다.

이 도서의 국립중앙도서관 출판시도서목록(CIP)은 서지정보유통지원시스템 홈페이지(http://seoji.nl.go.kr)와 국가자료공동목록시스템(http://www.nl.go.kr/kolisnet)에서 이용하실 수 있습니다.(CIP제어번호 : CIP2015006891)

차례

역자 서문

근래 우리 사회에서 일고 있는 상담에 대한 많은 관심과 수요는 학교장면을 비롯하여 사회 전반으로 확대되는 양상을 띠고 있다. 그만큼 상담의 필요성에 대한 인식과 기대가 높아졌음을 시사해 준다. 다른 한편으로는 상담의 기술 및 서비스에서의 질적 향상과 발전에 대한 요구도 지속적으로 증가해 왔다. 더욱이 본서의 저자들이 강조하듯이 상담이 상담자의 경력 전반을 통해 지속적으로 발전시켜야 하는 전문 활동이라는 점을 고려한다면, 상담자가 상담기술을 연마하고 발전시키는 노력은 평생을 통해 지속해야 하는 과제라고 할 수 있다.

최근 우리나라의 많은 학교들에서 나타나고 있는 주요 과제 가운데 하나는 학생지도를 위해 오랫동안 사용해 온 체벌 금지와 그 대안으로 강조되고 있는 학교상담의 효과적인 진행이라고 할 수 있다. 흔히 상담의 성과는 여러 요소들과 관련되어 있지만, 특히 전문적 상담이 효과적으로 진행되기 위해서는 무엇보다 상담자가 전문적 상담기술들을 습득하고 이를 상담의 상황과 맥락에 맞게 적절히 활용하는 능력이 필요하다.

'아동 및 청소년을 위한 학교상담 : 실제 및 적용을 위한 가이드북'(*Counseling Children and Adolescents in Schools: Practice and Application Guide*)은 학교상담 분야의 권위 있는 전문가 그룹인 Magnuson, Hess와 Beeler 등 3명의 학자가 집필한 상담 안내서이다. 같은

저자들이 집필한 또 다른 교재 '아동 및 청소년을 위한 학교상담(*Counseling Children and Adolescents in Schools*)'과 같이 볼 수 있도록 집필된 가이드북이기도 하다. 본서는 전문적인 상담자가 되기 위해 상담의 이론과 기술을 배우기 시작한 예비상담자들뿐만 아니라 상담기술과 능력을 더 발전시키고자 하는 전문상담자들 및 학교심리학자들에게 도움이 되는 내용들을 담고 있다. 특히 학교장면에서 아동 및 청소년들을 대상으로 활동하는 상담자들이나 심리학자들이 갖추어야 할 주요 상담기술들과 상황에 맞는 적용 방법, 연습, 그리고 기타 학교상담을 진행할 때 고려해야 할 사항들을 소개하고 있다. 따라서 전문적인 상담자가 되기 위해 상담의 이론과 기술을 배우기 시작하는 예비상담자들뿐만 아니라 상담기술과 능력을 한층 더 발전시키고자 하는 전문상담자들 및 학교심리학자들, 특히 학교장면에서 활동하고 있거나 활동하려는 상담자들이라면 꼭 읽고 활용해 보도록 권하고 싶다.

역자들은 이처럼 가치 있는 상담 안내서를 번역할 수 있게 된 것을 참 보람 있게 생각한다. 그동안 번역 원고를 꼼꼼히 읽고 검토해 주신 변명숙 선생님께 깊이 감사드린다. 끝으로, 좋은 책이 나올 수 있도록 도와주신 시그마프레스 강학경 사장님과 편집부 안은찬 선생님, 그리고 윤근배 차장님께 진심으로 감사드린다. 또한 끝까지 노고를 다해 주신 직원 여러분께도 감사드린다.

2015년 3월

역자 일동

머리말

축하합니다! 당신은 만족스러운 보상을 가져다 주는 경력을 쌓게 하는 흥미로운 여행의 티켓을 구매하셨습니다. 학교상담자들과 학교심리학자들은 일상생활 속에서 아동과 청소년들의 삶에 변화를 가져다 줄 수 있는 기회를 갖게 될 것입니다. 학교장면에서의 전문적 조력자로서 이처럼 멋진 직무 분야에서 우리가 경험한 것을 당신과 나눌 수 있게 되어 기쁩니다. 우리는 당신의 여행에 함께 하고자 합니다.

여행 안내 정보 : 이 책 아동 및 청소년을 위한 학교상담 : 실제 및 적용을 위한 가이드북(*Counseling Children and Adolescents in Schools: Practice and Application Guide*)은 아동 및 청소년을 위한 학교상담(*Counseling Children and Adolescents in Schools*)과 함께 사용할 수 있도록 만든 보충 교재이자 공동 교재이다. 우리는 이론적인 틀과 실제 학교장면을 연결시켜 주는 교량 역할을 하는 자료를 제공하기 위해 이 교재를 제작하였다. 이 교재는 당신이 기본적인 상담기술들을 배우고 나아가 당신이 진행하는 개인상담 회기에 기본적인 기술들을 적용하고자 할 때 도움을 줄 목적으로 설계되었다. 많은 학교상담과 학교심리학 준비 프로그램들에서 이 경험을 지칭하여 **상담실습**(counseling practicum)이라고 한다. 그러나 당신

이 참여했던 프로그램에서는 이 과정들이 다른 순서로 진행되거나 다른 명칭으로 불렸을 수도 있다.

이론적인 개념들을 실제장면에 적용하는 것을 배우는 일은 상담자로서 장기적인 경력을 쌓아가는 과정에서 요구되는 지속적인 도전 과제이다. 따라서 우리는 여행이라는 비유적 표현을 사용하곤 한다. 우리는 우리의 역할을 윗사람이 아닌 안내인으로서 본다! 우리는 당신이 **아동 및 청소년을 위한 학교상담**(*Counseling Children and Adolescents in Schools*)과 이 실제 및 적용을 위한 가이드북(때로는 그냥 '가이드북'이라 부를 것이다)을 당신이 학교심리학자 및 학교상담자로서의 경력을 시작하거나 준비할 때 유용하게 찾아보는 자료 목록에 추가해 주길 바란다. 자, 이제 우리가 공유하고자 하는 여행으로 되돌아가 보도록 하자.

표 1.1에 제시된 당신의 여행 일정표는 다소 유연하다. 비록 우리가 여행일정을 순서적으로 제시하였지만 당신의 여행이 이것을 그대로 따라가야 하는 것은 아니다. 당신을 지도해 주는 교사나 슈퍼바이저 및 조언자들은 경우에 따라 일정을 건너뛰는 여행길을 택하게 하거나, 다른 여행 일정을 추가하거나, 애초의 일정에서 벗어나는 길이나 중도 하차의 길을 추천할 수도 있다. 또 이 여행은 시간적으로도 유연하게 사용할 수 있도록 설계되었다. 당신은 어떤 때에 산책을 하다가 또 어떤 때는 조깅을 할 수도 있다. 당신은 이 여행 중의 어떤 과정이 다른 과정들에 비해 더 힘들다는 것도 알게 될 것이다.

표 1.1 의사소통 장애 요소들

여행 1.	상담 출발을 위한 준비(I) : 나는 누구이며 다른 사람들과 어떻게 교류해야 할까?
	성찰 연습 : 지금부터 모든 것은 당신에 관한 것이다!
	당신 자신의 신념 탐색하기
	피드백 주기와 받기
여행 2.	상담 출발을 위한 준비(II) : 기본적인 경청기술을 통한 관계 형성하기
	진정성, 존중, 공감, 그리고 관여 탐색하기
	필수적인 요소인 상담관계 : 이론적인 개관
	기본적인 기술들과 친숙해지기
	비언어적으로 주의집중하기
	트래킹
	재진술하기
	정서 반영하기
	명료화하기
	요약하기
	효과적으로 질문하기
	피해야 할 함정
	첫 번째 회기나 친숙하지 않은 상황에서 회기를 진행하기 전에 (점검해 볼 사항)
	기술들을 결합(연결)하여 사용하기
여행 3.	상담 출발 : 고급 촉진기술
	공감 : 이론 및 연구
	즉시성
	자기개방
	직면
	해석
	의미 반영하기
	고급기술과 관련된 우리 자신의 도전들에 직면하기
	문화적 차이 존중하기
여행 4.	상담이론과 함께 떠나는 여행 : 통합 및 개인화
	이론들에 대한 우리의 이론
	이론들의 통합 대 절충주의
	통합 및 개인화
	변화 촉진하기 : 초기의 사고

여행 5. 내담자 변화 촉진하기 : 개념화, 계획하기, 진행과정 모니터링, 그리고 기록
처치 계획
진행과정 모니터링
기록

여행 6. 내담자 변화 견고히 하기 : 상담여행 축하하기 및 이별 준비
다음 여행지로 떠나기 위한 짐 챙기기
학교장면의 전문적 조력자 : 바로 당신!
통합
모든 말들에 대한 우리의 마지막 말!

이 여행에서 특이한 한 가지 특징은 최종 도착지점이 없다는 것이다. 간혹 시간이 지남에 따라 주기적이라는 것을 알아차리는 경우도 있지만 이 여행은 왕복여행이 아니다. 또한 당신은 이 여행이 직선적이라기보다는 확산적이라는 것을 알게 될 것이다. 최종 도착지점이 없다는 것에 더하여 이 여행은 정해진 출발지점이나 정해진 시간도 없다. 이 여행은 분명히 당신이 하는 여행이다. 말하자면 당신이 이 여행의 선장이다. 이 가이드북을 통해 여행의 종착점을 향해 가는 동안 당신이 그 여행의 능동적인 참여자가 됨에 따라 경치가 극적으로 변하는 것을 보게 될 것이다. 그 변화는 당신의 여행에 잠시 안내자로 참가한 우리들의 일정한 목적이 이루어졌음을 보여 주는 신호가 될 것이며, 그즈음 우리는 당신에게 작별 인사를 고하게 될 것이다.

앞으로 있을 여러 다양한 여행을 시작하면서 우리는 지금까지 오리엔테이션 정보를 제공하였다. 이 가운데 일부는 당신을 위한 개관이 될 것이다. 우리는 진정성, 존중, 공감, 관여 등의 개념들을 알아볼 것이다. 우리는 출발 준비를 위해 이 개념들을 여행 가방으로 꾸린다기보다는 여행에서 머무르게 될 다양한 지점에서 이 개념들의 의미를 이해하려는 노력의 일환으로 이 가방을 풀어 놓으려 한다. 당신의 여행 가방은 당신이 새로운 기술들, 새로운 도구들, 그리고 새로운 견해들을 획득하게 됨에 따

라 더욱 부피가 커질 것이다. 우리는 한 여행지에서 다음 여행지로 이동할 때 그동안 습득한 정보들을 조심스럽게 싸도록 노력할 것이다. 이렇게 해야 당신이 여행하면서 필요할 때 그것들을 사용할 수 있을 것이기 때문이다.

당신이 하게 될 전문가로의 여행 중 동반자로서 우리의 책임은 당신이 네 번째 여행을 시작할 즈음에는 거의 완수될 것이다. 그때쯤이면 당신이 한 명의 지도자 이상의 역할을 맡을 수 있게 될 것으로 기대되기 때문이다. 당신은 '그저 새로운 곳들을 구경하기'보다는 다양한 여행의 의미를 이해하게 되는 초대를 받게 될 것이며, 또한 전문적인 학교상담자나 학교심리학자로서 당신의 일을 이해하게 되는 초대도 받게 될 것이다. 당신은 학교장면에 기반을 둔 전문적인 조력자로서 당신의 업무를 위한 개념적 틀과 이론들을 정리하며, 아동 및 청소년을 위한 학교상담(*Counseling Children and Adolescents in Schools*)과 같은 여행 자료들을 들여다보게 될지도 모른다. 당신은 긴 여정에서 이 여행지와 다른 여행지들에서 본 모든 지식들이 어떻게 의미를 가지고 당신에게 적합하며 내적으로 일관된 방법 및 모델들로 통합될지 결정하는 과정에서 보다 깊은 생각을 하게 될 것이다.

우리는 당신이 이 책 아동 및 청소년을 위한 학교상담 : 실제 및 적용을 위한 가이드북에서 제공하는 여러 가지 활동에 참여할 때, 당신이 일하게 될 학교 환경을 시각화하고 그 학교장면 속에 언급된 학생들에게 이름과 얼굴을 부여함으로써 이 경험을 자신의 것으로 개인화할 수 있기를 바란다. 예를 들면, 당신은 "나는 시험을 볼 때마다 배가 아프기 시작해요. 나는 정말 바보 같고 시험이 싫어요!"라고 말하는 9세 소녀에게 어떻게 반응할 것인지 적어 보라는 요청을 받게 될 것이다. 이때 이 학생의 모습을 심상으로 떠올려 보라. 그녀는 어떻게 생겼나? 피부색은? 머리 색깔은? 이름은? 당신이 이 학생의 모습을 생생히 상상하게 되면 보다 더 적절한 반응을 할 수 있게 될 것이다.

또한 당신이 우리가 예시하는 학생들과의 상호작용을 즐기기를 바란다. 그 학생들은 실제 살아 있는, 역동적인, 소중한 젊은이들을 나타낸 것이며 당신이 실습교육을 받는 동안, 인턴과정을 하는 동안, 그리고 당신의 경력을 쌓아가는 동안 함께 작업하게 될 학생들이다. 우리들이 느끼는 것처럼 당신이 학교심리학자 혹은 학교상담자에 어울리는 큰 영광과 책임감을 가지고 겸허해지길 바란다.

함께하게 된 것을 환영한다! 이제 여행을 떠나자!

여행 1

상담 출발을 위한 준비(I)

나는 누구이며 다른 사람들과 어떻게 교류해야 할까?

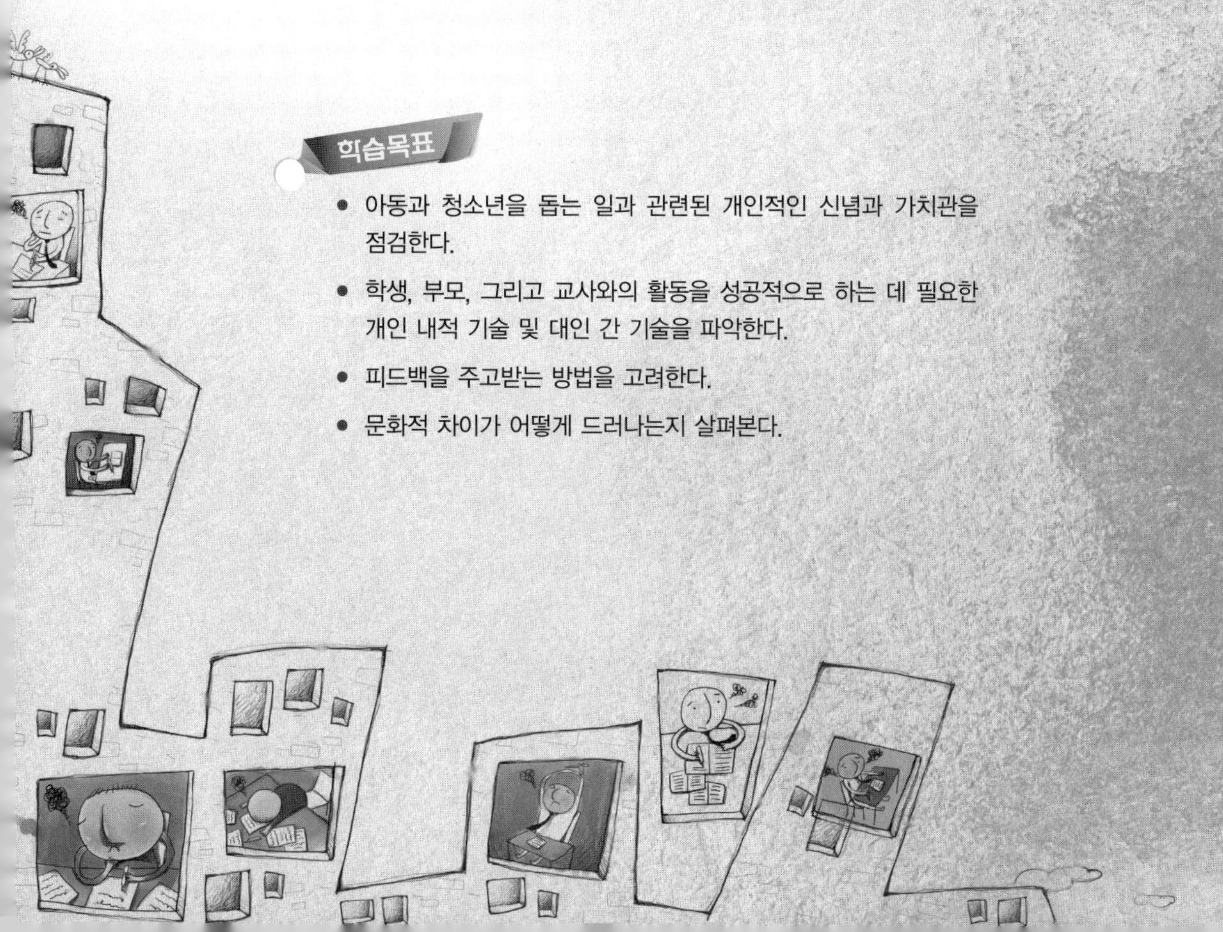

학습목표

- 아동과 청소년을 돕는 일과 관련된 개인적인 신념과 가치관을 점검한다.
- 학생, 부모, 그리고 교사와의 활동을 성공적으로 하는 데 필요한 개인 내적 기술 및 대인 간 기술을 파악한다.
- 피드백을 주고받는 방법을 고려한다.
- 문화적 차이가 어떻게 드러나는지 살펴본다.

성인과의 관계뿐 아니라 당신이 학생들과 형성하는 관계는 학교장면에서 진행하게 될 당신 업무의 주가 될 것이다. 학교장면에 기반을 둔 전문가인 당신은 학생들과의 관계를 형성하는 데 있어서 1차적인 책임을 지고 있는 핵심 요소이다. 준비 프로그램을 통해 당신은 자신의 사고, 감정, 태도, 그리고 반응을—어쩌면 당신이 이전에 탐색했던 것보다 더 깊은 수준에서—점검하도록 요구받게 될 것이다. 당신은 동료나 당신을 가르치는 사람, 그리고 슈퍼바이저와의 관계에서 그렇게 해야 할지도 모른다. 처음에는 이런 일이 유쾌하지 못한 경험이 될 수 있다.

우리는 종종 우리가 일하는 전문적이고 학문적인 세계에서 나 자신의 일부분만을 보여 준다. 우리의 사적인 요소들을 대학장면으로 가져오는 것은 친숙하지 않을 뿐만 아니라 때로는 불편함을 유발할 수도 있다. 하지만 효과적인 조력자가 되기 위해서 당신은 자신이 하는 반응들의 의도를 기꺼이 반영하고 또 고찰해 볼 수 있어야 하며, 나아가 당신이 함께 일하게 될 학생 내담자와의 관계에서처럼 당신 자신을 이해하기 위해 개인적인 위험 부담을 겪기도 하면서 자신에 대해 계속 도전할 수 있어야 한다.

우리는 당신이 현재, 그리고 당신의 경력을 거치며 계속해서 자기평가와 자기 모니터링의 과정을 해가도록 권하는 바이다. 그렇게 함으로써 당신은 한 전문가이자 한 인간으로 계속 성장해 갈 수 있다.

성찰 연습 : 지금부터 모든 것은 당신에 관한 것이다!

성찰(reflection)이란 무엇이며 그것이 왜 그렇게 중요한가? 글자 그대로 자기성찰(self-reflection)은 자기반성(self-examination) 혹은 내성(introspection)을 의미한다. 이것은 우리가 왜 어떤 일을 하는지를 알아보는 의도된 심사숙고 과정이다. Schon(1987)에 따르면 우리는 삶 속의 일상적인 관심사들에 대한 계속적인 활동과 성찰을 통해 가장 잘 배우게 된다. 그의 관점에 따르면 새로운 전문가들은 실제장면에서 발생하는 새로운 상황들을 이해하기 위해 지식, 이론, 그리고 가치관 등을 혼합하여 사용한다. 이러한 요소들은 시간이 지나면서 활동을 안내하는 개인의 이론들로 혼합된다.

성찰 과정은 이러한 개인의 이론들을 알아차리게 한다. 적극적인 성찰을 통하여 개인들은 건전해 보이는 개인적 · 전문적 이론들의 일면들은 유지하면서 진실성 없는 요소들은 버리는 '분류'과정을 즐기게 된다. 시간이 흐르고 경험이 더해짐에 따라, 그리고 성찰의 과정을 통해 현장의 전문가들은 새로운 상황에 적합한 활동과정을 결정하는데 이때 기존의 확립된 상담 접근방법들과 결합하여 자신의 개인적 이론들을 신뢰하며 의도적으로 사용하기 시작한다. 따라서 자기성찰은 전문가로서의 성장과 지속적인 발전에 있어서 매우 중요하다.

때때로 과도한 업무를 수행해야 하는 전문가의 위치가 되고나면 우리는 시간에 쫓기는 것을 느끼게 되고 자기성찰은 더 이상 불필요하다고 믿는다. 하지만 학교장면에서 학생들이 내놓는 복잡하고 도전적인 문제들을 계속 마주하게 될 때 우리의 사고와 행위를 지속적으로 평가하는 일은 더욱 중요하다.

자기성찰은 쉽게 설명되거나 배워지지 않는다. 하지만 소집단토론, 일기 쓰기, 사례분석, 역할극 같은 활동은 종종 성찰을 촉진시킨다(Stickel & Trimmer, 1994). 우리는 당신이 전문가로서의 이러한 활동에 참여하여 계속 자기성찰을 하는 습관을 발달시키기를 권한다.

이 실습 가이드북과 공동 교재 그리고 수업 틈틈이 성찰의 기회에 참여하도록 안내하면서 우리는 당신이 성찰 일기를 계속 써가기를 권한다. 상담 회기가 끝날 때마다 그 회기에 대해 다음과 같은 질문들의 답을 생각하면서 당신의 생각과 감정을 기록하기를 바란다. 그러면 당신은 그러한 과정을 통해 자신의 작업을 명확히 이해할 수 있을 것이다. 바로 지금 당신은 어떤 상태인가? 무엇을 잘 했는가? 언제 힘들었나? 만일 방금 했던 작업 중에서 바꾸고 싶은 것이 있다면 무엇인가? 방금 한 상담 중 당신이 겪은 사적 경험들이 언제 방해가 되었고 언제 도움이 되었는가?

또한 당신의 일기는 시간의 경과에 따른 당신의 성장을 보여줄 것이다. 정기적으로(예 : 학기 중 몇 주마다, 학기말에, 첫해가 끝난 후에) 당신이 상담에서 경험한 일에 대한 기록을 읽어봄으로써 당신은 자신의 성장에 대해 그리고 당신이 도전받아온 영역들에 대해 성찰해 볼 수 있는 부가적인 기회를 얻게 될 것이다.

Smyth(1989)는 전문가로서의 발전을 분석하기 위해—특히 역할극과 상담 회기가 끝난 후에—다음과 같은 4개의 질문들로 자신의 작업 구조화를 추천한 바 있다.

(a) 기술하기 : 나는 무엇을 하나?
(b) 효과 알리기 : 이것은 어떤 의미가 있나?
(c) 직면하기 : 나는 이렇게 되기 위해 어떻게 했나?
(d) 재구조화하기 : 달리 했다면 어떻게 했어야 했을까?

이러한 식의 종합과정을 통해 새로운 전문가들과 경험이 있는 전문가들 모두가 계속해서 그들 자신의 신념과 실제 활동에 영향을 미치는 방법들을 모색할 수 있게 된다.

성찰을 안내받기 위한 준비

일기에 관한 권고, 선호도, 그리고 요구사항을 듣기 위해 당신을 지도하는 선생님이나 슈퍼바이저를 찾아가 보라. 어떤 지도자는 정기적으로 일기를 수집하기 때문에 대화 기록을 요구하고 학생들이 써온 내용에 반응한다. 어떤 지도자는 써온 일기를 학생들의 사적인 기록으로 간주하기도 한다.

1. 당신의 일기 쓰기를 위해 작문 노트를 구입하고 만들어 보라. 혹은 전자 파일을 만들어 보라.
2. 겉표지 혹은 제목 페이지를 만들어라. 어쩌면 당신은 일기에 사적인 제목을 붙이고 싶을 수도 있다. 예컨대, 나(저자들 가운데 한 명인 Sandy Magnuson)는 나의

일기들 가운데 하나에 'Sandy : 시골서부터 클리닉까지. 실습 I, 1982년 여름'이라는 제목을 붙였다.

3. 첫 번째 혹은 두 번째 빈 페이지에 날짜를 쓰고 종이 위에 당신의 펜이 가는 대로 지금까지 읽은 것에 대한 생각과 감정을 적어 보라. 만일 써야 할 것이 아무것도 떠오르지 않는다면 앞 절에서 제기됐던 질문들에 답하는 것부터 시작해 보라. 검열을 하거나 '좋게 보이려는' 시도는 피하도록 하라.

당신 자신의 신념 탐색하기

고려해야 할 첫 번째 영역들 중 하나는 아동과 청소년에 대한 당신 개인의 신념들에 관한 것이다. 당신을 아동을 보호받아야 할 연약하고 취약한 존재라고 보는가? 청소년은 예측하기 어렵고 까다로운 존재인가? 이 두 가지 질문에 대한 당신의 대답은 '예', '아니오', 또는 '아마도'라는 반응들 사이에서 왔다 갔다 할 수 있다.

아이들에 대한 나의 신념은 무엇인가?

상담 실제에 관한 이론적 기초를 형성해 감에 따라 당신은 전반적으로 사람들에 대한 당신의 신념뿐만 아니라 성인들과는 다른 아동들에 대한 신념도 점검하게 될 것이다. 내(저자들 가운데 한 명인 Robyn S. Hess)가 대학원생들과 만나면서 맞닥뜨리게 된 신념들 가운데 하나는 아동들은 삶에서 진정으로 끔직한 일은 경험하지 않는다는 것 또는 아동들에게는 아무런 '이상'이 없다는 생각이다. 이와 같은 신념은 자신들이 비교적 안정적인 아동기를 경험하였거나 아니면 자신들이 경험하지 못한 것과 관련이 있을 것이다. 우리들의 일반화된 신념들은 종종 부정확하거나 불완전하다.

잘못된 신념이 도전을 받지 않으면 예비전문가나 현직의 전문가들은 학생들과 성인들이 직 · 간접적으로 제공하는 중요한 정보를 놓치게 될 가능성이 더 높아진다. 예컨대, 어떤 경우에 아동은 자신이 해를 입고 있다는 것을 상담자와 바로 나누지 못할 수도 있다. 대신 그들은 자신의 두려움과 고통에 대한 힌트나 단서들만을 제시하게 될 수 있다. '아동은 문제를 경험하지 않는다'는 잘못된 신념을 가지고 있다면 아동에게 도움을 주고자 하는 조력자는 때로 중요한 단서를 놓칠 수 있다. 반대로 만일 모든 아동들이 학대 가족의 희생자가 될 가능성이 있다고 믿는다면 당신은 아동의 팔에 있는 멍 자국에 대해 과도한 반응을 하게 될 수도 있다.

사람들은 변할 수 있나?
어떻게?!
그 과정에서 전문적인 조력자는 어떤 역할과 도구가 될까?

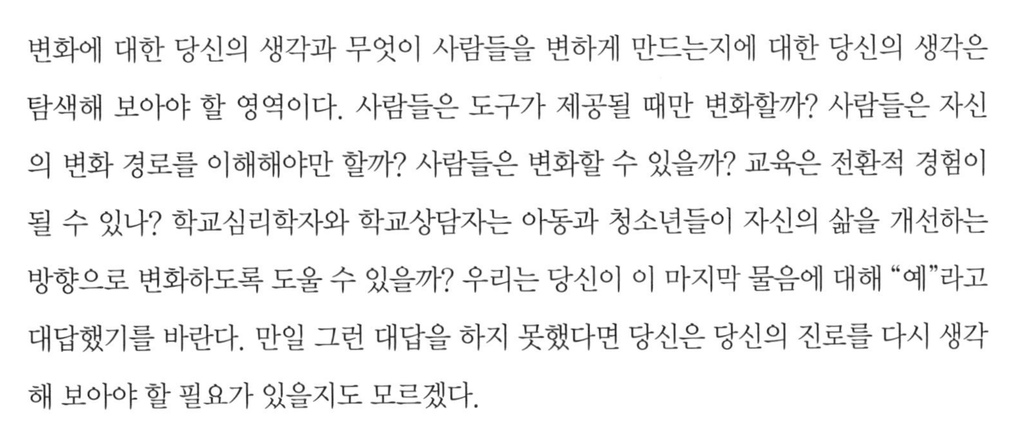

변화에 대한 당신의 생각과 무엇이 사람들을 변하게 만드는지에 대한 당신의 생각은 탐색해 보아야 할 영역이다. 사람들은 도구가 제공될 때만 변화할까? 사람들은 자신의 변화 경로를 이해해야만 할까? 사람들은 변화할 수 있을까? 교육은 전환적 경험이 될 수 있나? 학교심리학자와 학교상담자는 아동과 청소년들이 자신의 삶을 개선하는 방향으로 변화하도록 도울 수 있을까? 우리는 당신이 이 마지막 물음에 대해 "예"라고 대답했기를 바란다. 만일 그런 대답을 하지 못했다면 당신은 당신의 진로를 다시 생각해 보아야 할 필요가 있을지도 모르겠다.

당신의 이론적 방향과 상관없이 아동 및 청소년이 변할 수 있다는 신념을 갖는다면 도움이 될 것이다. 이 말은 당신의 맞은편에 앉아 있는 젊은이가 무언가 잘못되었다는 것을 의미하는 것이 아니다. 다만 현재 그 젊은이의 삶에 불편함과 불행감이 생기도록 만드는 어떤 요소들이 있다는 것을 의미할 뿐이다. '변화'는 어쩌면 그 젊은이가 그 문제에 대해 다른 관점을 발달시키거나 혹은 현재의 힘든 상황에 대처하기 위한 새로운 전략을 발달시키도록 도와줌으로써 촉진될 것이다.

탐색해 봐야 할 다른 영역은 현대의, 가치 판단적인, 논쟁적인 주제들과 관련된 다소 모호한 신념의 영역들이다. 학교장면의 학생들은 당신과는 다른 사회경제적, 문화적, 그리고 종교적 배경을 가진 경우가 많을 것이다. 그들은 자신의 성적 지향(sexual orientation)에 의문을 가질 수도 있고, 약물과 알코올을 시험하고 있을 수도 있으며, 혼전 섹스를 하고 있을 수도 있다. 그들은 어쩌면 소수집단에 대한 편견을 가지고 있거나 갱 집단의 일원일 수도 있다. 당신은 어떻게 반응할 것인가? 당신이 가지고 있는 신념과 가치관은 당신을 어떻게 안내할까? 그럼에도 당신 자신의 신념과 가치관을 학생들에게 은연중에 강요하지 않는다는 것은 어떻게 알아차릴 수 있을까?

학생 내담자와의 치료적 동맹을 맺는 데 방해가 되는 당신의 가치관은 무엇일까?

나(저자들 가운데 한 명인 Sandy Magnuson)는 자신의 사무실 벽을 성경의 문구와 기도하는 손으로 꾸민 어떤 여성 상담자를 방문했던 일을 기억한다. 더욱이 성경책 한 권은 그녀의 책상 위에 잘 보이도록 놓여 있었다. 내가 예비 학교상담자들에게 그 사무실의 장식에 대해 언급했을 때 그들은 나의 관심에 대해 깊이 생각했다. 그들은 그 여성 상담자가 단지 '있는 그대로의 자신을 보여 줄 뿐'이라고 주장했다. 그들은 진정성(authenticity)이 필요하며 중요하다고 생각했다. 그리고 결국 그러한 상징물이 그녀를 바라보는 학생들에게, 특히 비슷한 신념을 공유하지 않는 학생들에게 영향을 미치게 될 방식들에 대해 고심하기 시작했다. 시간이 지나면서 그들은 학교상담자들에 대한 접근성과 무조건적인 긍정적 관심 그리고 모든 학생들에 대한 존중과 관련된 윤리적 가이드라인과 가치관의 맥락에서 기독교적 상징물을 두드러지게 쓰는 것에 대해 깊이 고려해 보고 난 후 객관성을 가질 수 있게 되었다.

전문가의 길을 가는 초심자가 다문화적인 이슈들과 관련된 자신의 신념에 대해 생각해 보게 하는 다양한 도구들이 개발되어 왔다. 예를 들면 '다문화적 인식-지식-기술 조사'(Multicultural Awareness-Knowledge-Skills Survey, MAKSS)(D'Andrea, Daniels, & Heck, 1991)는 예비전문가들의 문화적 인식과 감수성을 향상시키기 위한 다양한 교수전략들의 효과에 관한 정보를 수집하기 위해 설계된 도구이다(비록 이 '자기평가'는 출간된 지 20년이 넘었지만 현재까지도 간행물들에서 자주 인용되고 있다). 다른 많은 비공식적인 도구들 또한 예비전문가들과 현직의 전문가들이 침묵과 저항 등 상담의 여러 측면들과 관련된 자신의 가치관, 신념에 대해 생각하도록 도움을 준다.

피드백 주기와 받기

당신이 자신의 신념과 가치관을 탐색할 때 같은 학급이나 집단의 동료들도 비슷한 활동에 참여하게 될 것이다. 당신의 경력 전반에 걸쳐, 특히 대학원 시기 동안에 당신은 개인적으로나 전문적으로 성장할 수 있을 뿐만 아니라 다른 사람들의 성장도 도울 수 있는 많은 기회를 갖게 될 것이다. 기술 습득을 위한 학급, 실습교육, 인턴과정, 그리고 슈퍼비전 집단 등에서는 학습과정의 중요한 부분으로 동료 피드백(feedback)을 포함하도록 구조화되어 있는 경우가 많다. 당신은 당신의 동료들과 역할극을 하게 될 수도 있고, 비디오테이프로 녹화된 역할극이나 실제 역할극, 녹화된 상담 회기 또는 실제 상담 회기들을 보는 기회를 가지게 될 수도 있다.

동료들에게 피드백을 주는 것은 어려운 일이기 때문에 당신의 성향은 부정적인 것으로 여겨질 수 있는 어떤 유형의 반응이나 의견을 제시하는 것을 삼가는 입장을 취할 수도 있다. 예비전문가들은 종종 자신들이 상담 초보자이므로 도움이 되는 코멘트를 주지 못할 것이라고 믿는다. 반대로 예비전문가들은 자신의 동료들이 가진 다양한 관점들을 인식한다. 각자는 관찰한 회기의 다른 측면들에 주의를 기울인다. 종합하면 이러한 통찰들은 발전하는 전문가들의 역량 및 성장 영역들이 보다 더 세부적이고 포괄적으로 발전하게 한다.

당신이 제공하게 될 피드백의 유형과 피드백을 받게 되는 방식을 고려할 때 궁극적인 목적은 지속적인 성장을 촉진하는 것이라는 점을 기억하는 것이 중요하다. 이와 같은 의도를 가지고 피드백이 제공될 때 피드백이 잘 수용될 가능성이 높다. 또한 우리는 동료 상담 회기에 대한 당신의 의견과 반응을 제시하는 과정에서 도움이 될 수 있는 다음과 같은 가이드라인을 제공하고자 한다.

- 한 시점에서 제공하는 피드백의 양을 제한하도록 하라. 피드백의 양은 당신의 동료에게 압도적으로 작용할 수 있다. 따라서 초점을 맞추고자 하는 하나 혹은 두 가지의 핵심적인 영역을 선택하도록 하라.
- 그 회기의 긍정적인 측면과 성장을 위한 영역을 꼭 언급하도록 하라.
- 당신이 제공하는 피드백이 분명하고 구체적일 수 있도록 하라. 당신이 지적하고자 하는 요점을 그 회기에서의 예를 들어 제시할 수 있다면 도움이 될 것이다.
- 당신의 피드백이 교정을 목적으로 하는 경우에는 그 대신에 사용될 수 있는 행동 유형의 예를 제시하도록 하라.
- 개인이 가지고 있는 사적인 속성이나 특성보다는 변화될 수 있는 행동들을 언급하라.

당신은 동료들에게 피드백을 제공할 뿐만 아니라 그와 같은 유형의 비평을 받는 사람이 될 수도 있다. 당신이 바라던 방향으로 진행되지 않은 상담 회기의 여러 측면들에 대해 편안히 앉아서 듣는 것이 어려울 수 있다. 자연스런 경향은 방어하고 설명하는 것이다. 그렇지 않으면 당신은 부정적으로 보이는 비평을 듣고 의기소침해질 수도 있다. 비록 처음에는 힘들겠지만 개방적인 태도를 가지고 피드백을 경청하는 것이 가장 좋다. 만일 당신이 동의하지 않는다면 당신은 피드백을 제공하는 사람과 함께 그 비평을 공유할 필요가 없다. 때때로 당신이 받은 코멘트를 적어두는 것이 도움이 된다. 나중에 자신의 비디오테이프을 보거나 슈퍼바이저를 만났을 때 그러한 제안이나 시사점을 앞으로의 상담 회기들에 통합시킬지를 결정할 수 있을 것이다.

우리는 당신이 다른 사람들에게 피드백을 제공할 때와 같은 마음의 자세를 유지하기를 권하는 바이다. 이 정보의 목적은 성장을 촉진하는 것이다. 이 점에 있어서 당신이 동료들과 슈퍼바이저를 신뢰할 수 있게 될 때, 당신은 기술들을 향상시키기 위한 제안과 전략들을 자발적으로 요청하게 될 가능성이 높다.

다문화적 인식-지식-기술 조사(D'Andrea 등, 1991) 혹은 그와 유사한 목록을 완성해 보라.

1. 당신은 그 목록에 있는 문항들에 응답하면서 스스로에 대해 어떤 점을 배웠는가?

2. 놀라웠던 점은 무엇인가?

3. 어떻게 하면 당신이 다양한 집단과의 경험을 넓힐 수 있겠는가?

4. 어떻게 하면 당신의 지식, 알아차림, 기술들을 향상시킬 수 있겠는가?

5. 어떤 개인적 속성과 능력들이 학교에서 활동하는 전문적 조력자로서의 자산이 될까?

6. 당신이 중요한 개인적 성장을 경험했던 때를 생각해 보라. 성장을 위한 자극(혹은 원동력)이 된 것은 무엇이었는가? 그것을 영속시키고 강화하기 위해 당신은 무엇을 했는가?

7. 당신의 인생에서 겪었던 위기들에 대한 스스로의 반응을 생각해 보라. 당신은 어떻게 반응했는가? 그 어려운 시기를 해결하기 위해 어떻게 했는가?

8. 잠시 동안 당신이 앞으로 몇 주 동안 진행하게 될 상담 경험과 이번 학기에 충족시켜야 할 자격 요건에 대해 생각해 보라. 마음속에서 어떤 생각이 떠오르는가?

9. 한 학생에게 개인상담을 진행하면서 "잘되고 있어! 바로 이거야!"라고 생각하고 있는 자신에 대해 상상해 보라. 당신은 무엇을 하고 있고 또 그 학생은 무엇을 하고 있는가?

10. 갑자기 그 학생 내담자가 침묵을 하고 있다고 상상해 보라. 당신에게 그 경험은 어떨 것 같은가?

11. 그 학생이 1회기 혹은 2회기의 상담을 마친 후에 더 이상 상담을 받으러 오고 싶지 않다고 하는 상황을 상상해 보라. 당신에게 그 경험은 어떨 것 같은가?

12. 당신의 사무실에 함께 앉아 있는 학생 내담자의 모습과 당신이 "제발! 이건 아니야!"라고 생각하는 장면을 상상해 보라. 그 학생은 어떤 대상일까(예 : 연령, 성, 인종, 재정적 지위, 기타 등), 그리고 그 내담자가 내놓고 있는 이슈나 문제는 무엇일까?

13. 당신의 사무실에서 위와 동일한 반응을 일으킬 어느 성인 내담자의 모습을 상상해 보라. 이 성인은 누구일까? 그리고 그러한 상호작용을 유발한 것은 무엇일까?

14. 당신의 개인적인 영적, 종교적, 윤리적 가치관을 점검하고 확인하면서, 전문적인 조력자로서의 효율성에 도움을 주게 될 요소들과 방해가 될 요소들의 목록을 작성해 보라.

여행 2

상담 출발을 위한 준비(II)

기본적인 경청기술을 통한 관계 형성하기

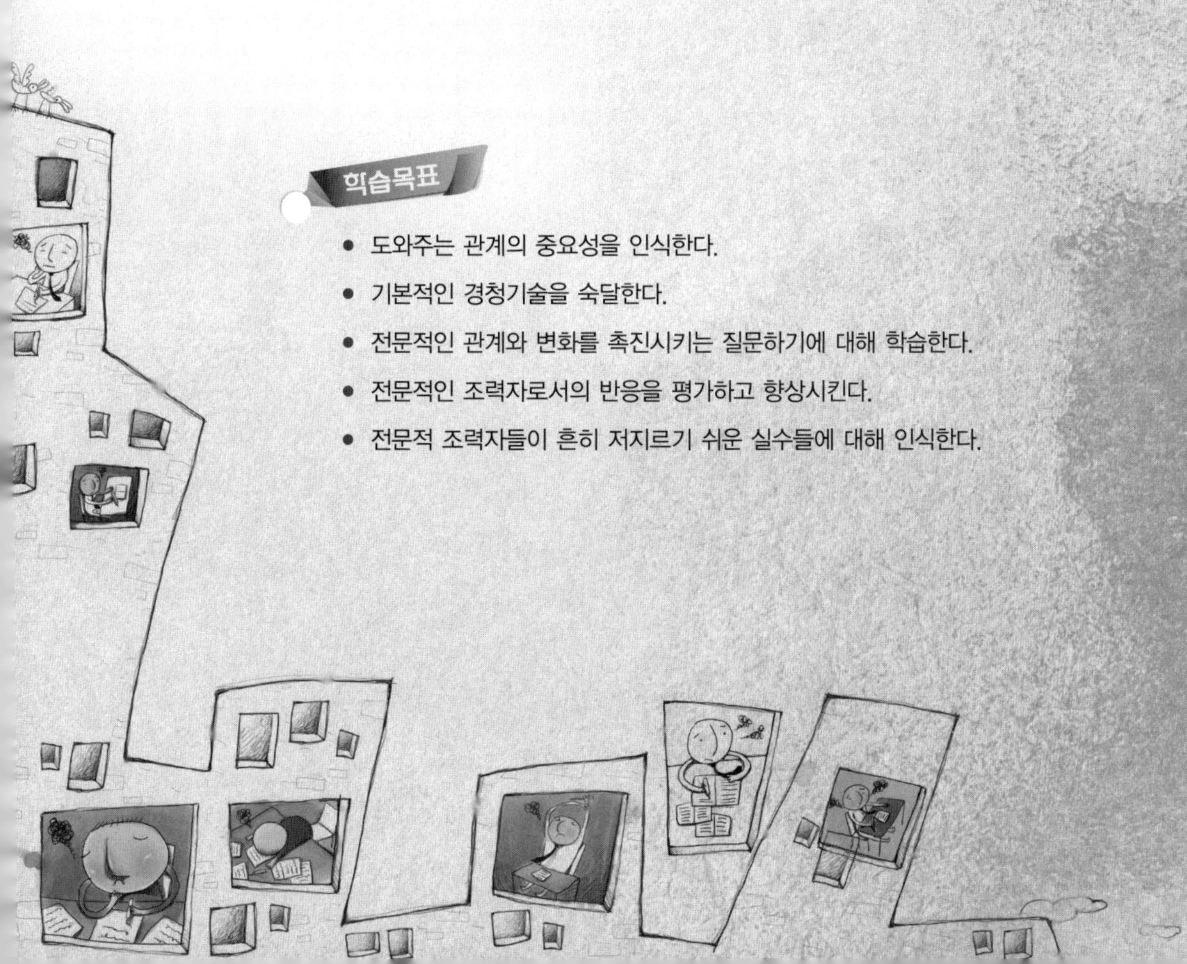

학습목표

- 도와주는 관계의 중요성을 인식한다.
- 기본적인 경청기술을 숙달한다.
- 전문적인 관계와 변화를 촉진시키는 질문하기에 대해 학습한다.
- 전문적인 조력자로서의 반응을 평가하고 향상시킨다.
- 전문적 조력자들이 흔히 저지르기 쉬운 실수들에 대해 인식한다.

진정성, 존중, 공감, 그리고 관여 탐색하기

아동 및 청소년을 위한 학교상담의 제3장에서 우리는 아동과 청소년들이 경험하는 다양한 발달적 이정표에 관해 기술했다. 또한 우리는 발전과정으로서의 상담기술 학습과 연마에 관해 살펴보고 있다. 이 여행을 통해 발전시키게 될 기본 기술들(때로는 핵심적 기술 혹은 미시적 기술이라고도 불림)에는 (a) 비언어적으로 주의집중하기, (b) 트래킹, (c) 재진술하기, (d) 정서 반영하기, (e) 명료화하기, (f) 요약하기, (g) 효과적으로 질문하기 등이 포함된다. 이러한 기술들은 필수적으로 우리들이 관계—개인적 관계, 동료 관계, 전문적 관계—를 발전시키는 데 도움이 되는 좋은 의사소통 전략들이다.

당신이 이해받고, 수용되고, 인정받았다고 느끼는 대화를 나누었던 누군가(사람)에 대해 생각해 보라. 그 사람은 당신이 지금 여기에서 그(녀)를 생각해 낼만큼 무언가를 했거나 하고 있나?

____

____

____

____

____

전형적으로 반응들에는 다음과 같은 요소들이 포함된다. (a) 그(녀)는 나를 쳐다보았다. (b) 그(녀)는 고개를 끄덕였다. (c) 그(녀)의 얼굴 표정으로 알 수 있었다. (d) 그(녀)가 말하는 것을 통해 경청하고 있다는 것을 알 수 있었다. (e) 그(녀)는 하고 있던 동작을 멈추고 나에게 온전히 주의집중을 하였다. 아동 및 청소년에게 있어 이러한 언어적 · 비언어적 행동들은 똑같이 적용된다. 다만 의사소통의 촉진을 돕는 이러한 상호작용에서 약간의 차이가 있을 뿐이다.

당신이 아동 혹은 청소년이었던 과거로 돌아가 생각해 보라. 그리고 개방적으로 이야기할 수 있었고 또 이해받고 있다고 느낄 수 있었던 2명 혹은 3명의 어른을 생각해보라. 당신이 그 어른들을 생각해 낸 몇 가지 이유는 무엇인가?

____

____

____

____

____

안타깝게도 많은 아동 및 청소년들은 당신이 기술한 것과 같은 관계의 기회를 갖지 못하고 있다. 따라서 학교상담자들과 학교심리학자들은 아이들이 존중, 무조건적인 긍정적 관심, 주의집중, 이해받기 등을 경험하도록 질적으로 다른 경험을 제공하는 것이 중요하다.

필수적 요소인 상담관계 : 이론적인 개관

때때로 기초적인 기술들을 연습하는 일은 지루하고, 기계적이며, 인위적인 것처럼 보인다. 사정이 그렇기에 우리는 그 기술들을 사용하는 방법보다는 그 기술들을 사용하는 이유에 대해 먼저 다루겠다. 다양한 경험적 연구들은 상담관계(counseling relationship)의 중요성에 관한 증거를 제시해왔다(Lambert & Barley, 2001; Wampold, 2001). 실제로 Lambert와 Barley(2001)는 "임상가들은 지난 수십 년간 진행된 연구들에서 전문적인 치료기법들보다 관계요인들이 내담자의 결과와 훨씬 더 많은 관련이 있음을 보여 주고 있다는 점을 기억하는 것이 중요하다."라고 주장했다(p. 359). 어떤 영역들에서는 이러한 관계를 치료동맹(therapeutic alliance) 또는 충성(allegiance)이라고도 표현한다. 용어와 상관없이 우리는 학생 내담자들과 강력한 작업동맹(working alliance)을 맺는 것이 필수적이라고 믿는다. 관계를 맺는 과정은 성인들과 마찬가지로 아동 및 청소년들에게서도 중요하며, 또한 지역의 기관들과 마찬가지로 학교에서도 중요하다.

우리의 전문적인 역사는 상담관계에 관한 다양한 신념들을 반영한다. 예컨대 Freud와 내담자와의 관계는 아무것도 나타나지 않는 화면(blank screen)과 동일하였다. 그럼에도 불구하고 전이와 역전이는 치료적 관계에 기반을 두고 있다. 환자-치료자 간의 관계와 임상가의 세심한 배려는 결정적으로 중요한 요소였다. Freud의 제자인 Adler는 최초로 공감과 존중으로 특징지을 수 있는 상담관계의 중요성을 강조한 인물로 평가될 수 있다. Adler학파의 치료자들이 행하는 초기 단계에서의 과제는 평등, 상호신뢰, 존중, 관여, 그리고 비밀보장 등으로 특징지어지는 치료적 관계를 촉진하는 것이다. 더 포괄적인 이론과 마찬가지로 그와 같은 관계의 형성은 학생들의 사회화에도 기여한다(Dreikurs, 1967).

상담관계의 중요성을 강조한 선구자는 Carl Rogers라고 할 수 있다. Rogers(1961)에 따르면 관계는 상담의 기초 그 이상이다. 관계가 치료이다. Rogers는 다음과 같이 말하고 있다. "만일 내가 어떤 유형의 관계를 제공한다면 상대방은 자신의 성장과 변화를 위해 그 관계를 이용할 수 있는 능력을 스스로 발견하게 될 것이며 개인적 발달이 일어날 것이다"(p. 3). Rogers는 타인들에 대한 그의 신뢰를 그들에게 귀 기울이기, 그들에게 관심 갖기, 그들을 격려하기, 그리고 그들과 평등한 관계 형성하기 등으로 보여 주었다(Bankart, 1997).

비록 우리가 관계를 강조하지만 당신이 당면 문제(예 : 학대, 위기 개입 등의 경우)에 먼저 초점을 맞추어야 할 때가 있다. 당신의 유연한 접근이 필요하다.

최근 수년 사이에 정신건강전문가들은 어떤 경우들에 있어 관계가 성장이 이루어지기 위한 유일한 필요조건이 아니라는 것을 인정하고 있다. 대신 치료적 관계와 치료방법의 조합이 성공적인 결과에 기여한다.

기본적인 기술들과 친숙해지기

한 가지 실험을 하면서 시작해 보기로 하자. 우리는 이 실험을 다른 사람과 해볼 것을 제안한다. 하지만 만일 당신이 혼자 있다면 거울을 이용할 수도 있다.

1. 당신의 파트너와 함께 팔짱을 끼고 다리를 꼬아 의자에 등을 기대고 앉아서 시선을 피하며 대화를 시도해 보라. 어떻게 되나? 무슨 일이 일어나는가?
2. 실험의 두 번째 단계에서 한 명은 학교상담자, 다른 한 명은 중학생 역할을 해 보라. 이 학생이 대학 입학 절차에 관해 상담하기 위해 상담자를 찾아온 동안 상담자는 다시 한 번 다리와 팔을 꼬고 의자에 등을 기대고 앉아 시선을 피할 것이다. 이렇게 하면 두 사람은 어떻게 될까?
3. 역할을 바꾸어서 이 두 번째 단계를 반복해 보라.
4. 이 실험의 마지막 단계에서 어떤 말도 사용하지 않고 흥미, 주의, 그리고 관심에 관해 차례로 의사소통을 시도해 보라. 이어서 서로에게 피드백을 주도록 하라.

비언어적으로 주의집중하기

"누구도 의사소통을 하지 않을 수 없다."(Watzlawick, Beavin, & Jackson, 1967, p. 48)는 관점은 널리 수용되고 있는 가족체계원리(family systems principle) 가운데 하나이다. 우리가 말을 하든지 하지 않든지 간에 우리는 메시지를 전달한다. 이러한 비언어적 메시지는 비록 그것이 잘못 해석되기 쉽다 할지라도 강력한 영향력을 갖는다. 비언어적 행동은 (a) 정서, (b) 전문가와 학생 간의 대인관계에서의 변화, (c) 자신에 대한 태도, (d) 자신의 내적 상태와 언어적 행동 간의 불일치 등을 전달하는 데 사용될 수 있다(Highlen & Hill, 1984). 그러므로 최상의 명료화를 위해 전문가들은 언어적 · 비언어적으로 주의집중하기 간의 일치를 위해 노력해야 한다. 또한 우리가 받는 불일치 메시지들에 대해 촉각을 곤두세우고 있어야 한다.

비언어적 의사소통은 때때로 아날로그로도 불리며 여러 가지 요소들을 포함한다. 예컨대 우리 목소리의 톤과 변화는 메시지 형성에 기여하게 된다. 이외에도 자세, 용모, 몸짓, 얼굴 표정, 심지어 호흡까지도 비언어적 의사소통의 요소들이다. 일반적으로 비언어적 주의집중(nonverbal attending) 기술들에는 다음과 같은 것들이 포함된다.

- 적절한 수준의 시선 유지하기
- 팔과 다리 꼬지 않기
- 약간 앞쪽으로 기울이기
- 언어적 의사표현에 맞추어 얼굴 표정과 목소리 톤 변화시키기
- 내담자를 산만하게 만드는 특정 버릇 피하기(예 : 머리카락 꼬기, 허공에 손 흔들기)
- 이완되고 편안한 모습 유지하기

누군가가 당신에게 “나는 당신과 함께 있는 것을 견딜 수 없어요.”라고 말하면서 미소 짓고 편안하게 시선을 마주치며 친절한 톤으로 말하는 상황을 상상해 보라. 아마도 누군가가 당신을 노려보면서 결연하게 자신의 두 손을 허리에 올리고 큰 목소리로 “아니. 나는 당신 때문에 화난 게 아니에요.”라고 말하는 것을 상상하는 것이 더 쉬울 것이다. 말과 비언어적 의사표현이 불일치할 때 사람들은 흔히 비언어적 메시지를 더 신뢰한다.

또한 개인적 공간(personal space)도 문화와 발달수준에 따라 다르다는 점을 인식하라. 어떤 아동들은 너무 가깝게 앉거나 접촉되는 것(예 : 등 토닥거리기)에 민감하다. 성인을 대할 때와 마찬가지로 학생들에게도 먼저 허락을 구하거나 괜찮은지 점검을 하는 것이 존경심을 보여 주며 신중한 일이다.

비언어적인 행위는 문화적 차이 때문에 해석이나 의사소통하기가 어려울 수 있다. 예컨대 서구문화권에서 자란 성인들은 일반적으로 눈 마주치는 것을 매우 편안하게 느낀다. 편안한 응시는 참여 및 주의집중과 연관된다. 하지만 어떤 문화에서는 눈 마주침이 불손함과 연관된다. 따라서 대체로 비언어적인 방식으로 전달되는 선호도 및 친숙한 정도에 대한 민감성이 필수적이다.

또한 비언어적 요소들에 대해 주의를 기울이는 것은 우리들 자신에 대해 더 많은 부분을 알려줄 수 있다. 예를 들면 마리는 부모 한 명과 상담 회기를 진행하고 있는 중이었다. 그녀는 얼굴에 온화한 미소를 띠었고 반응은 정확히 했지만 팔을 꼬며 경직된 모습을 보였다. 우리가 그 회기를 녹화한 테이프를 보았을 때 마리는 자신이 부모에 대해 불편했음을 깨닫게 되었다. 그녀는 위협을 느꼈다. 팔을 꼰 것은 자신을 보호하려는 무의식적 노력이었을 수 있다.

트래킹

어린 아동들은 종종 행위나 놀이를 통해 의사소통을 한다(이는 아동 및 청소년을 위한 학교상담에서 논의된 바 있다). 학교장면에 기반을 둔 전문가들은 트래킹(tracking)(따르기, 따라가기, 추적하기 등의 뜻을 가진 말이다.–역주)을 통해 행위들에 대한 이해를 표시하고 반응한다. 트래킹은 아동과 똑같이 행동하거나 아동이 하고 있는 행동을 묘사하는 언어적 반응을 말한다. 더하여 그들은 트래킹 반응으로 자신들이 아동의 행동에 주의를 기울이고 있다는 것을 보여 준다. 예컨대 어떤 상담자는 다음과 같이 말할 지도 모른다. "너는 여기에 무엇이 있는지 알아보기 위해 방을 둘러보고 있구나." "너는 네 소매를 걷어 올리려 하고 있구나." 우리는 청소년들이나 성인들을 대상으로 할 때에도 내담자의 반응 내용을 따르고 있음을 알리기 위해 고개를 끄덕이거나, 내담자가 보이는 감정이나 말하는 내용에 따라 얼굴 표정을 변화시키거나 혹은 "네.", "좋아요."와 같은 최소한의 격려 표현을 하는데 이것도 일종의 트래킹이다. 비언어적으로 주의집중하기와 트래킹을 사용하여 당신이 학생 내담자에 대해 지금 참여하고 있고 주의를 집중하고 있음을 보여 주는 것이다.

여행 안내 정보 : 이 여행에서 당신은 몇 명의 학생 내담자들뿐만 아니라 몇 명의 학교상담자들 및 학교심리학자들을 만나게 될 것이다. 예컨대 당신이 만나게 될 아니타는 7학년 학생이다. 그녀는 요즘 모든 것이 잘못 돌아가는 것 같고 사람들이 자주 자신을 오해한다고 느끼고 있다. 폴은 그의 삶에서 중요한 많은 사람들로부터 상충되는 기대를 받고 있는 12학년 졸업반 학생이다. 제레미는 자신을 팀의 리더로 생각하고 있는 운동부 2학년 소년이다. 테리쿠아는 에티오피아 출신의 10학년 학생이다. 그녀가 새 학교에 적응하는 일은 상당히 수월했지만 새 친구들을 사귀는 데 있어서는 큰 어려움을 겪게 되었다. 나중에 당신은 주앙과도 익숙해지게 될 것이다. 그는 높은 성취도를 보이고 있는 11학년 학생인데 지치고 낙담해 있다(미국의 고등학교는 9학년에서 12학년까지 있다.-역주)

재진술하기

우리는 재진술하기(paraphrasing)(때로는 내용 반영하기라고도 함)를 통해 내담자와 그가 처한 상황에 대해 우리가 이해하고 있다는 것을 전한다. 다시 말해 우리는 학생 내담자의 말과 우리가 내담자로부터 들은 것을 '반사하는' 우리의 말을 조합하여 사용한다. 첫 번째 예에서 학교심리학자는 아니타의 힘들었던 날에 대해 재진술한다.

아니타, 7학년 학생 : 끔찍한 날이었어요. 먼저 빌이 나에게 자신의 창작 쓰기 과제를 도와달라고 했어요. 베스는 빌과 스케이트를 타러 가고 싶어해서 우리 둘 모두에게 화가 났어요. 그리고 아빠도 내가 늦게 집에 왔다고 나에게 화가 났어요.

학교심리학자 : 너는 빌을 도와주려 했던 것인데 사람들이 너에게 화가 났기 때문에 힘든 날이었구나.

두 번째 예에서 학교상담자는 폴이 처리해야 할 여러 가지 일들에 대해 재진술한다.

폴, 졸업반 학생 : 어디서부터 시작해야 할지 모르겠어요. 나는 대학 지원서를 받아와야 하고 학자금 융자 준비도 해야 합니다. 또 중요한 화학 과제물을 기한 내에 내야 합니다. 우리 엄마는 친구 분을 맞이할 준비를 하는데 거기에도 제 도움이 필요해요. 그리고 베스는 영화 보러 가기를 원하고 있습니다.

학교상담자 : 네가 해야 할 일들이 너무 많구나. 지원서도 처리해야 하고, 과제도 해야 하는구나. 집에서도 해야 할 일이 있는데 또 베스는 너와 함께 시간을 보내고 싶어 하는구나.

재진술하기는 매우 간단하기 때문에 그 반응이 흉내내기나 따라하기처럼 보일 수도 있다. 이 기술을 사용하는 데 있어서 도전이 되는 것은 가장 중요한 내용의 일면들과 함께 그 내용의 본질을 간결하게 포착하는 것이다. 더욱이 우리는 핵심적인 메시지,

주제, 그리고 지각들(perceptions)에 대해 귀 기울여야 한다. 우리의 목표는 상대방을 가능한 한 충분하고 정확하게 이해하는 것이다.

정서 반영하기

내용에 더하여 정서(혹은 감정)를 반영할 때 우리의 반응은 더욱 강렬해진다. 정서 반영하기(reflecting affect)는 내용에 관한 상대방의 감정을 추론하는 차원이 더해진다. 다음의 사례에서 학교상담자는 제레미의 말에 담겨 있는 두 측면을 반영하고 있다.

제레미 : 공평하지 않아요. 내가 축구팀 주장을 하기로 되어 있었어요. 그런데 질이 오니까 모두 그 여자애가 하자는 대로 했어요.

학교상담자 : 너는 네가 주장이라고 생각했기 때문에 화가 나는구나.

다음에 제시되는 테리쿠아와의 긴 대화에서 학교상담자가 내용과 정서를 어떻게 반영해 가는지 주목하라.

테리쿠아 : 나는 두 달 전에 이 학교에 왔어요. 나는 내가 어떻게 해야 하는지 알고 있고 수업도 잘 따라가요. 하지만 친구는 한 명도 사귀지 못했어요.

학교상담자 : 너는 학교 시설과 일정에서는 상당히 편안하게 느끼고 있지만 외롭고 친구들과 어울리고 싶구나.

테리쿠아 : 네, 그래요. 에티오피아에서는 새 친구를 사귀는 데 문제가 없었어요. 또 많은 친구가 있었어요. 이곳에서는 왜 그런 거죠?

학교상담자 : 너는 에티오피아에서는 새로운 친구 사귀기가 수월했기 때문에 혼란스러운 것 같구나.

테리쿠아 : 네, 그래요. 거기서는 여러 클럽에 가입했었어요. 축구도 했었지요. 나는 모든 사람을 알고 있었어요.

학교상담자 : 그리고 넌 여기서 수업을 들으면서 무엇이 잘 안 되고 있는지 알아내려 하고 있구나.

테리쿠아 : 나는 때로는 이곳 아이들이 그저 친절하지 않다고 생각해요. 그런데 그 이유가 내가 다르기 때문이라는 생각이 들 때가 간혹 있어요.

학교상담자 : 너는 네가 겪고 있는 어려움이 네가 다른 나라 출신이라는 것과 관련이 있다고 걱정하는구나.

전문적 조력자는 연습으로써 "너는 화가 나는구나." 또는 "너는 이 점이 두렵구나." 등과 같은 짧은 문장으로 정서를 반영한다. 테리쿠아가 자신의 이야기를 하도록 하는 동일한 목표가 어떻게 짧은 반영으로 충족되는지를 주목하라.

테리쿠아 : 나는 두 달 전에 이 학교에 왔어요. 나는 학급에서 내가 해야 할 일을 알고 있고 또 잘하고 있어요. 하지만 친구를 한 명도 사귀지 못했어요.

학교상담자 : 너는 외롭고 또 누군가와 어울리고 싶구나.

테리쿠아 : 네, 그래요. 에티오피아에서는 새 친구를 사귀는 데 문제가 없었어요. 또 많은 친구가 있었어요. 이곳에서는 왜 그러죠?

학교상담자 : 이 점이 너를 혼란스럽게 하는구나.

테리쿠아 : 네, 그래요. 나는 여러 클럽에 가입했었어요. 축구도 했어요. 나는 모든 사람을 알고 있었어요.

학교상담자 : 거기 친구들은 너를 받아 주었고 너는 그것을 안전하게 느꼈구나.

테리쿠아 : 나는 종종 이곳 아이들이 그저 친절하지 않다고 생각해요. 그런

데 그 이유가 내가 다르기 때문이라는 생각이 들 때가 간혹 있어요.

학교상담자 : 너는 이 상황이 네가 다른 나라 출신이라는 점과 관련이 있다고 걱정하는구나.

때때로 보다 더 축약된 반영의 형식을 지칭하여 강조(accent)라고 한다. 강조는 학생 내담자의 진술에서 그저 한 단어 혹은 두 단어만을 강조한다. 예를 들면 테리쿠아는 마지막 문장에서 "그런데 그 이유가 내가 다르기 때문이라는 생각이 들 때가 많아요."라고 말했다. 이에 대해 학교상담자는 "다르다고?"라고 말해 줄 수 있다. 이 반응은 테리쿠아 자신이 '다름'을 어떤 의미로 생각하고 있는지에 대해 더 말하도록 이끌 수 있는 방법 가운데 하나이다.

비언어적으로 주의집중하기, 내용 반영하기, 그리고 정서 반영하기 연습

1. 파트너 A와 파트너 B가 함께 짝을 지어 작업하라.
2. 처음 5분 동안, 파트너 A의 역할은 당황스러웠거나 혼란스러웠던 최근의 사건에 대해 이야기하는 것이다. 파트너 B의 역할은 비언어적인 방식으로 지금 참여하고 있고 주의를 기울이고 있음을 상대방에게 전달하고 내용을 반영하며 나아가 정서를 반영하는 것이다.
3. 5분 후에 파트너 B는 파트너 A에게 피드백을 해줄 수 있다. 그 파트너는 예를 들어 다음과 같이 이야기해 줄 수 있다. "짜증 나 있는 나의 상태에 대한 당신의 반영이 정확하지는 않지만 그래도 나는 당신이 나를 이해하고 싶어 한다는 것을 알 수 있었습니다. 그 이유는 당신이 반영하려고 노력했기 때문입니다. 당신은 차분하게 앉아 있었고, 팔과 다리를 꼬고 있지도 않았습니다. 당신은 경청하는 것 이외에 다른 어떤 것을 하려고 서두르는 모습을 보이지 않았습니다. 나는 그 점이 좋았습니다. 또 당신은 나와 시선을 맞추는 데 다소 어려움을 느끼는 것 같아 보

였습니다."

4. 다음 5분 동안에는 파트너 B가 아직 결정을 보류하고 있는 것에 대해 이야기를 하고, 그동안 파트너 A는 비언어적인 방식으로 지금 참여하고 있고 주의를 기울이고 있음을 상대방에게 전달하고 내용과 정서를 반영한다.
5. 끝으로 파트너 A는 파트너 B에게 피드백을 해 준다.

당신은 이 실험에서 어떤 경험을 했습니까?

당신은 이 경험을 통해 무엇을 배웠습니까?

예비전문가들은 종종 정서를 반영하는 데 애를 먹는다. 그들은 자신들이 같은 단어들을 반복적으로 사용한다는 사실을 알게 된다. 그들은 강도를 나타내는 데도 어려움을 겪는다. 예컨대 그들은 울고 있는 상대방에게 다음과 같이 말할지도 모른다.

"당신은 무언가에 대해 좀 슬퍼하고 있는 것 같군요."라고 하든가, '좌절한(frustrated)'과 '속상한(upset)'이라는 표현과 같이 기본적인 정서 용어만을 사용하여 정서를 반영하기도 한다.

그래서 우리는 예비전문가들에게 감정을 표현하는 어휘를 발전시켜 주는 자료들을 찾아 보라고 권한다. '감정 단어 목록'과 '감정 단어 차트'를 사용한 전자 검색을 하면 유용한 많은 자료들을 찾아 볼 수 있다. 또한 우리는 다음에 제시하는 활동들에 참여할 것을 제안한다.

정서 어휘의 개발

1. 첫 번째 세로 단에는 행복한(happy)을 대신할 수 있는 유의어를 모두 적어 보라. 다른 수준의 강도와 내담자의 발달수준에 따라 다르게 표현할 감정 단어들을 생각해 보라.

________	________	어린 아동들
________	________	________
________	________	________
________	________	________
________	________	청소년기 전의 아동들
________	________	________
________	________	________
________	________	________
________	________	청소년들
________	________	________
________	________	________
________	________	________

2. 행복한에 대한 유의어 목록을 적어도 10개까지 써 보고 그렇게 하기 위해 개념 분류 어휘집을 이용해 보라.
3. 두 번째 세로 단에는 이 어휘의 강도 순에 따라 순위를 매겨 보라.
4. 세 번째 세로 단에는 어린 아동들, 청소년기 전의 아동들, 그리고 청소년들에 대해 사용할 수 있는 어휘들을 나열해 보라.
5. 화난, 슬픈, 그리고 두려운 등의 어휘들을 가지고 이 연습을 반복해 보라.

명료화하기

명료화(clarification) 반응은 전문가가 상대 학생이나 성인이 한 말의 어떤 부분에 대해 확실하게 이해되지 않을 때 적합하다. 명료화 반응은 또한 상대방에게 자신이 명료해지도록 도와준다. 명료화 진술은 분명하게 명료화하는 요소를 포함하는 질문이나 재진술의 형식을 취할 수도 있다(예 : "자, 내가 당신이 말한 것을 제대로 이해하고 있는지 봅시다.").

여행 안내 정보 : 다음 절에서 당신은 벤의 부모를 소개받게 될 것이다. 이 부모는 벤이 그동안 학교에서 보여 온 행동 문제들 때문에 매우 좌절해 있다. 학교심리학자가 명료화를 어떻게 사용하여 이 부모가 말하고자 하는 것을 정확히 이해하는지 주의 깊게 살펴보라.

부모 : 벤이 다시 문제를 일으키고 있어서 무척 화가 납니다. 저는 그 애가 자초한 문제들을 처리하기 위해 학교에 오는 것 같아요.

학교심리학자 : 벤에게 화가 나고, 또 학교에 여러 차례 찾아오시는데도 불구하고 별 변화가 없어 보이기 때문에 좌절감을 느끼고 계시는 것 같

이 들리는군요.

부모 : 예, 그래요. 저는 벤의 제한점이 그 애의 행동 문제들이 일어나는 원인으로 작용한다는 것을 알기 때문에 이해하려고 무척 노력하고 있어요. 때때로 인내의 한계에 이른 것 같아요.

학교심리학자 : 죄송합니다만, 벤의 제한점이라는 것이 무엇을 말씀하시는 것인지 잘 모르겠습니다. 저는 단지 어떤 건강과 관련된 것이라는 점만 알고 있을 뿐입니다.

부모 : 네. 벤은 천식을 앓고 있어요. 그 아이의 알레르기(알러지)가 이따금 집중 문제를 일으키지요.

학교심리학자 : 그러니까 벤이 학교에서 겪고 있는 어려움들과 그 애가 앓고 있는 천식이 관련이 있다고 보시는군요.

부모 : 벤은 종종 밤에 천식 발작을 일으킵니다. 물론 우리는 그 애의 호흡 안정을 돕기 위해 흡입기를 사용하여 여러 시간 동안 깨어 있습니다. 알레르기 철에는 이런 증상이 더 자주 발생합니다. 우리는 보통 안정 상태가 되도록 조치를 취하고 있지만 그 과정에서 벤은 무척 많은 에너지를 소모하면서 충분한 휴식을 취하지 못하고 있습니다. 그 애는 학교에서 집중하기가 어렵고 그러니까 더 짜증을 내게 되는 것 같습니다.

학교심리학자 : 잘 알겠습니다. 이제 이해가 되는군요.

요약하기

요약하기(summarizing) 반응은 전문가가 회기를 시작할 때, 회기 중간에 다른 주제로 전환할 때, 또는 회기를 마칠 때 특히 도움이 된다. 전문가는 요약을 통해 회기의 요점과 핵심 요소들 또는 회기의 주요한 부분을 파악할 수 있다. 더욱이 요약은 학생(내담자)이 전달하고자 노력하는 메시지를 전문가가 정말로 이해하고 있다는 증거를 추가로 제공한다.

예컨대 테리쿠아가 한 일련의 말들에 대하여 전문가는 다음과 같이 말할 수 있다. "네가 이 학교에서 생활한 지 2개월이 되었지만 너는 아직 많은 친구를 사귀지 못했구나. 이것은 너에게 새로운 경험이 되고 있는 것 같구나. 왜냐하면 네가 에티오피아에 있을 때는 친구가 많았고 또 여러 가지 활동들에 참여했으니 말이다. 너의 입장에서는 무얼 어떻게 해야 할지 잘 모르겠고 또 어떻게 친구들을 사귀어야 할지 잘 모르겠기에 혼란스럽고 기운이 빠져 있는 것 같구나."

요약 후에 전문가는 문제해결로의 전환을 촉진할 수도 있고 아니면 그 상황을 탐색함으로써 상대방을 도와주기 위해 경청을 계속할 수도 있다. 예컨대 전문가는 다음과 같이 말해 줌으로써 그 회기에서의 전환을 안내할 수도 있다. "네가 이 혼란스런 상황을 어떻게 이해해야 할지에 대해 말하지 않아도 나는 네가 어떤지를 충분히 이해할 수 있을 것 같구나. 너는 4학년 축구팀에 들어가고 싶고 겨울 콘서트에 참가하기를 원하고 있구나. 너의 친구들은 네가 그들의 팀인 'Odyssey of the Mind'에 들어오기를 바라고 있어. 너의 부모님은 너에게 그중 두 가지 활동에만 참여할 수 있다고 말씀해 오셨고, 그래서 너는 어떻게 결정해야 할지 모르고 있을 뿐이네."

더 어린 아동에 대해서는 어쩌면 회기 동안에 더 많은 요약을 제공해야 할지도 모른다. 또한 요약을 자주 사용하는 것은 학생 내담자가 한 가지 화제에서 다른 화제로 옮겨가는 데 도움을 준다.

능숙한 질문의 사용

질문(questions)에 대한 전문가적인 방향은 여러 해에 걸쳐 변화해 왔다. 여러 해 전에 훈련받았던 우리들 중 많은 이는 어떤 질문이라도 하는 것을 허락받지 못했다. 나의 친구 가운데 한 명은 녹음되는 상담 회기에서 질문을 한 번 했다는 이유로 과제 완수를 못한 것으로 평가를 받기도 했다. 우리의 입장은 그렇게 강력하지 않다. 아직도 우리가 만나는 예비전문가들은 몇 가지 질문을 하지 않고서 어떻게 작업을 진행할 수 있는지 상상할 수 없다고 불만을 제기한다.

우리는 학생들과 작업하는 과정에서 전문가들에게 도움이 되는 두 가지 범주의 질문을 제안한다. 첫 번째 유형인 '**정보 습득 질문**(information acquisition questions)'은 정보를 얻기 위한 분명한 요청이다(예 : "누가 당신의 조언자인가요?"). 실제로 전문가들이 책임감을 가지고 도움을 주기 위해 분명한 정보가 필요한 경우가 있다. 하지만 그들의 촉진기술이 향상되어 감에 따라 전문가들은 트래킹하기, 반영하기, 요약하기를 할 때 학생들이 자신들의 말로써 중요한 정보를 나누고 삶의 이야기를 들려 주는 경우가 자주 있다는 것을 배우게 된다.

두 번째 유형의 질문인 '**촉진적 질문**(facilitative inquiries)'은 자각, 내성, 반영, 그리고 선택적 의미의 탐색 등을 증진시키기 위한 질문이다. 또한 촉진적 질문은 학생 내담자들이 목표를 명료화하고, 목표 성취를 위한 계획을 세우고, 지장을 초래할 일들을 피하고, 나아가 그들의 성공을 다른 영역들로 일반화시키는 것을 돕는다.

잘 구성된 질문들은 치유적이다. 그러나 우리는 심문하는 변호사들이 아니라는 점을 기억하는 것이 중요하다! 더욱이 우리는 단지 시간을 보내거나 우리의 호기심을 충족시키기 위해 질문하지 않는다. 질문은 그보다 자기이해, 통찰, 도전들에 대한 해법을 증진시키는 데 목적을 두고 있다. 융통성 있게 그리고 다양한 목적으로 질문할 수 있는 방법들을 주목하라.

- 너에게 그것이 어땠니? (사고, 감정, 그리고 부여된 의미를 포함하는 반응을 불러일으킨다.)
- 나는 너와 함께 점검하고 싶은 게 있어. (잠정적인 하나의 가설을 제안한다.)
- 너는 이 세 가지 선택사항들에 대해 어떻게 생각하니? (인지적 반응을 장려한다.)

- 어떤 것들이 가능한지 생각해 봤니? (학생이 선택사항들에 대해 고려해 왔다는 점과 그가 선택할 수 있다는 점을 시사한다.)
- 너는 이번 주에 어떤 도전들을 맞게 될 것 같니? (도전들을 확인하고 발전을 계속해 가기 위한 방략들을 계획하도록 돕는다.)
- 너는 어떤 요일이 가장 힘들 것 같니? (힘든 날이 있는 것이 정상이라는 것을 시사하는 동시에 일어나게 될 어려움들을 피할 수 있는 기회를 제공한다.)
- 나는 닐슨 선생님에 대한 너의 반응들에 대해 이야기 나누어 보는 것을 네가 어떻게 생각할지 궁금하구나. (폐쇄형 질문의 함정을 피하면서 내담자 학생이 대답 여부를 결정하도록 힘을 실어 준다.)
- 네가 결정을 내릴 준비가 되었다는 것을 어떻게 알 수 있을까? (목표를 향한 진일보의 분명한 지표들로 내담자를 안내한다.)
- 마감시간을 놓친 것에 대해 네 자신에게 무어라 말했는지 궁금하구나. (중재를 위해 유용하게 적용할 수 있는 인지적 초점을 두도록 안내한다.)
- 나는 네가 그 역할을 얻을지는 모르겠는데 연극을 한번 해 보면 어떨까 하고 생각해. (학생이 자기이해를 성취하고 잠재적으로 용기를 고취하도록 돕는다.)
- 네가 훈련 규칙들을 책임 있게 시행하고 있다는 것을 처음으로 알게 될 사람은 누구일까? (내담자를 지지할 가능성이 있는 사람들뿐만 아니라 성공의 지표들을 확인한다.)
- 의욕이 떨어지거나 훈련 규칙들을 어기고 싶은 유혹이 들 때 누구에게 지원을 요청할 수 있을까? (학생이 자신에게 격려를 보내줄 수 있는 자원을 확인하고 잠재적인 차질 요인을 피하도록 도와준다.)

질문할 때에는 학생의 인지발달 수준을 고려하는 것이 중요하다. 어린 아동들과 일부 청소년들은 추상적인 사고를 요하는 질문을 이해하거나 반응하는 것이 어려울 수 있다.

질문 만들기

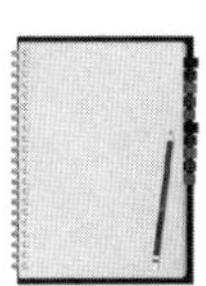

정말로 깊은 숙고와 탐색을 격려하는 질문을 하는 것은 언뜻 보기보다는 더 어려운 일이다. 실습 훈련 과정의 하나로 다음과 같은 말을 하는 11학년생 주앙에 대한 반응으로 당신이 할 수 있는 질문들을 가능한 한 많이 만들어 보라. "무슨 소용이 있어요? 나는 학교생활에 지쳤어요. 나는 이렇게 힘들게 공부하는 데 지쳤어요. 내가 대학에 가기 위해, 단지 의대에 가려고 부질없이 시간 낭비를 해서 뭐하겠어요? 나는 가능한 빨리 고졸 학력 증명서를 받을 거예요. 그리고 무언가 할 일을 찾을 겁니다. 만일 내가 의대에 진학하게 된다면 남부럽지 않은 생활을 할 수 있게 되기까지 여러 해가 걸릴 거예요."

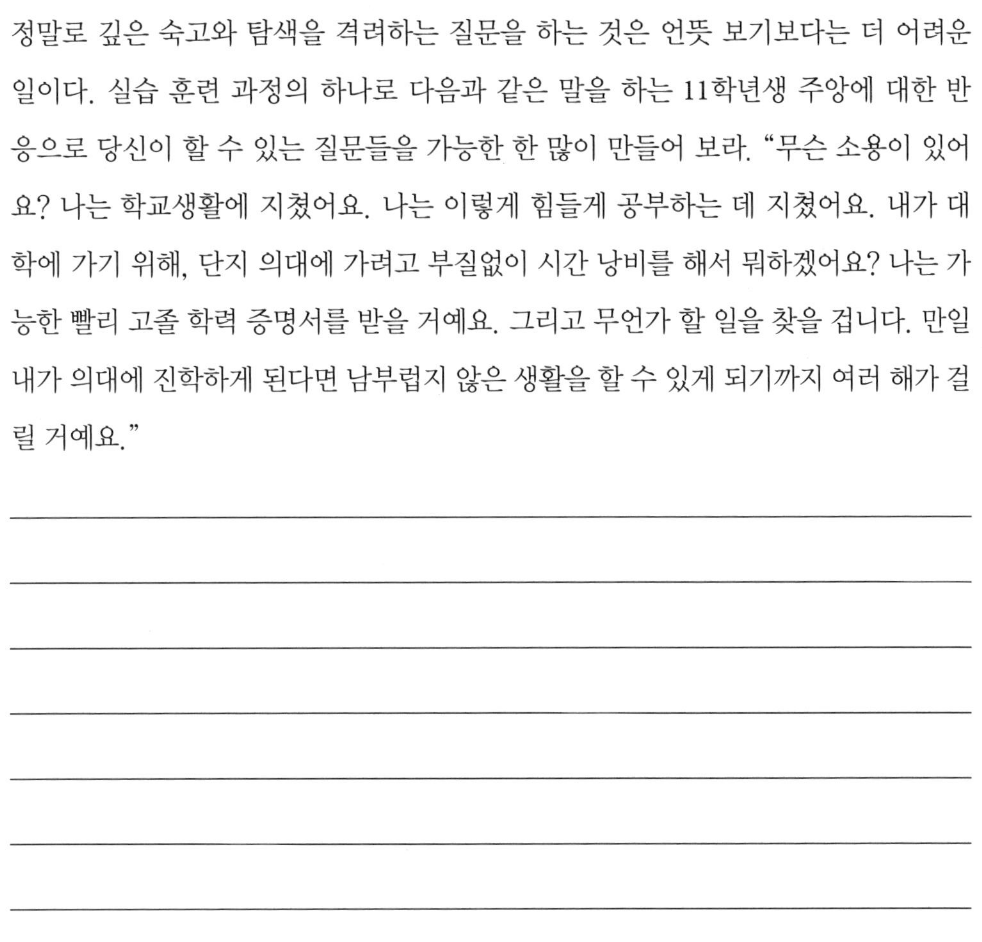

정보를 획득하는 과정에서 발생하는 많은 도전들 가운데 하나는 우리 자신의 호기심을 충족시키기 위해 질문하는 것을 자제하는 일이다. 자신에게 자주 던져야 할 좋은 질문들은 "책임감 있게 도움을 주기 위해 내가 알아야 할 필요가 있는 것은 무엇인가?"와 "나는 이 질문에 대한 답을 알아야 할 필요가 있는가?"이다. 또 다른 자기점검 방략은 "이 질문을 하는 나의 목적은 무엇인가?"라고 자신에게 묻는 것이다. 이 결정을 내리는 교육훈련생들을 돕기 위해 그리고 상담 회기들에서 이용되는 질문들의 효과를 평가하기 위해 우리는 Sklare, Portes, 그리고 Splete(1985)에 의해 개발된 모델을 이용해 왔다. 그림 2.1에 제시된 것처럼 질문들에 대해 −4에서 +4까지의 효과성 점수가 부여된다.

부적절한 질문들은 −4로 평점이 주어진다. 그런 질문들은 학생과 전문가의 주의를 잘못된 방향으로 이끈다. 이런 부적절한 질문들은 전문가들의 능력 부족, 부주의, 그리고 잠재적인 저항을 나타내는 것이다. 주앙에 대해 −4점으로 평정된 질문은 "너의 주치의가 누구니?"이다.

"왜?"라는 질문은 −3점으로 평점이 주어지는 대표적인 질문의 예로 이것은 종종 방어를 초래하기 쉽다. 그러한 질문들은 때때로 전문가의 가치관에서 비롯되며 비난처럼 받아들여질 가능성이 있다. 그러한 질문들은 종종 의사소통에 대한 또 다른 장벽이 되기 쉽다. 주앙에 대해 −3점으로 평가된 질문은 "고졸 학력 증명서를 가지고 남부럽지 않은 봉급을 받을 수 있다는 아이디어는 어디서 얻은 거니?" 혹은 "그렇게 보장된 미래를 던져 버리고 싶은 이유가 뭐니?"가 될 것이다. 다소 덜한 직면의 예는 "너는 왜 책들을 가지고 왔니?"와 같은 질문이 될 것이다.

−2점 질문은 관계에 손상을 주는 것은 아니지만 혼란스럽거나 반응 선택사항의 폭이 좁다. −2점으로 평정된 질문들은 다음과 같은 선다형 질문들을 포함한다. "주앙, 먼저 전문대학에 진학하겠니, 아니면 바로 종합대학에 진학하겠니?" 연속해서 제시되는 질문들도 또한 −2로 평정된다.

'예' 또는 '아니오'와 같이 한 마디로 대답하게 되는 질문들은 −1로 평정된다. 그와 같은 질문은 폭넓은 자기탐색을 방해한다. 때때로 그러한 질문은 다음과 같이 은연중에 충고를 전달하기도 한다. "수업을 들으면서 직업 선택사항들을 탐색해 보는 일에 대해 생각해 본 적이 있니?"

+1점으로 평정된 질문들 중에도 폐쇄적인 질문이 있다. 폐쇄형 질문임에도 추가적인 논의를 유도하는 질문이기 때문에 긍정적으로 평정된다. 그런 질문들이 갖는 문제

그림 2.1 효과적 질문하기 모델

질문 수준	평점	질문 유형
극히 비효과적	−4	개방형 혹은 폐쇄형 질문으로 내담자에게서 상담 주제와 관련 없는 정보를 얻으려고 하는 질문. 내담자가 제시한 것 중에서 드러난 주제나 함축하고 있는 주제에서 벗어난 질문.
매우 비효과적	−3	내담자와 관련된 주제에 초점을 두지만 내담자의 방어를 유발하는 질문. "너는 그걸 어떻게 확실히 아니?" "이 주제가 얼마나 골치 아픈 일인지 알아차리고 있니?" "너는 왜 이 행동을 계속하지?"
비효과적	−2	내담자가 제기한 문제들에 초점을 두지만 내담자가 의문을 가지게 하는 선다형 질문. 또는 내담자를 혼란하게 만들거나 제한된 선택적 답변을 하게 하는 질문. "무엇에 대해 생각하고 있었니? 아니면 그 문제에 대해서 어떻게 반응했었니?" "네가 이 비합리적인 생각들을 극복했을 때 너는 기뻤어, 자랑스러웠어, 아니면 어떤 기분이었어?"
약간 비효과적	−1	폐쇄형 질문이지만 놓치고 있는 관련정보를 얻게 하는 질문이나 앞서 논의한 주제에 대한 명료화를 주는 질문. 이런 질문들은 회기를 시작하거나 종료할 때 적절한 질문들이다. "그건…이런 거니", "너는 …하니", "너는 …하지 않니", "넌 …였니" 등. "너는 그것과 관련해서 어려움이 있는 것 같구나. 내 말이 맞니?" "너는 그것과 관련된 어려움이 있니?" "너와 존은 어떻게 어울리게 되었니?"
약간 효과적	1	폐쇄형 질문이지만 내담자가 관련 주제를 더 논의하도록 이끄는 질문들. 그 질문들은 "너 …할 수 있니", "너 …해 주겠니", "…해 보겠니"로 시작한다. "나에게 그것에 대해 더 말해 줄래?"
효과적	2	개방형 질문으로 관련 정보를 확인하거나 그 내담자의 문제와 관련된 구체적인 상황들을 명료화해 주는 질문들. "무엇(what)"에 관한 질문들과 몇 가지 "어떻게(how)"에 관한 질문들. "너를 그렇게 속상하게 만든 그 사람의 행동은 무엇이니?" "어머니의 재혼이 너에게 어떻게 영향을 미쳤니?"
매우 효과적	3	개방형 질문으로 목표를 이루거나 아니면 목표성취를 위한 가능한 방법들을 생각하게 해 주는 질문들이며 내담자의 주제에 대한 이해와 심층 탐색 후에만 주어지는 질문들. "네가 그 입장이 되면, 대안으로 내놓을 수 있는 행동들은 무엇이지?" "너는 지금의 방식과 어떻게 달라지고 싶니?"
극히 효과적	4	개방형 질문이며 심층 탐색과 이해 후에만 제시되는 질문들로, 내담자가 어떤 행위를 취하지 못하도록 하는 비생산적이고 막다른 골목에서 해결책 없이 빙빙 도는 생각에 도전하는 질문들. "만일 네가 그걸 시도했다면 일어날 수 있는 최악의 일은 무엇일 것 같니?" "네가 지금 하고 있는 방식으로 계속하게 되면 2년 후에 너는 어떻게 될 것 같니?" "당신의 자녀들에게 정서적으로 의존하는 것이 당신을 지탱해 주지 못하게 하면 어떻게 될 것 같아요?"

*질문 유형과 상담단계를 기초로 하여 작성됨

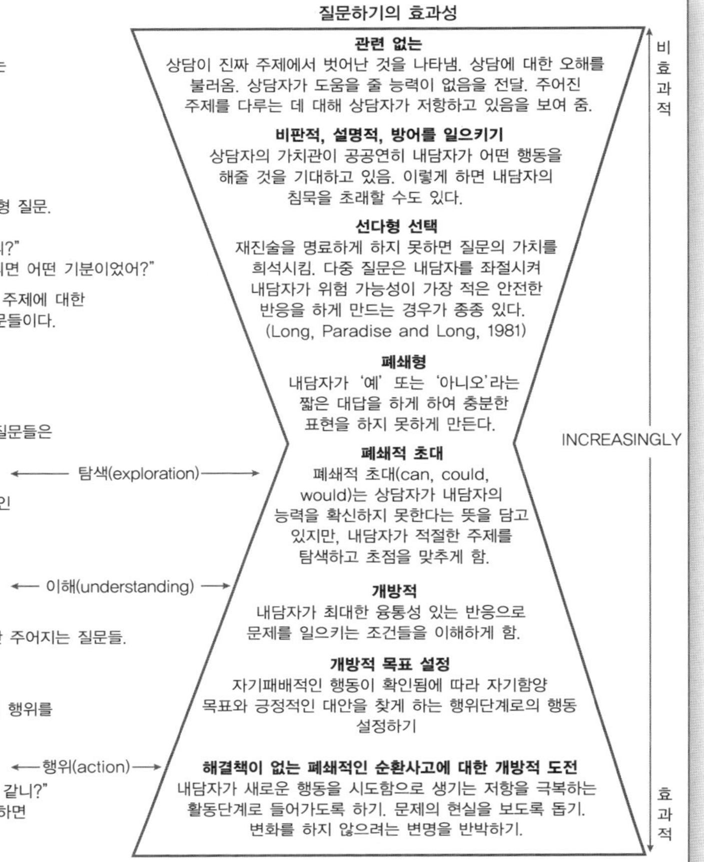

탐색(exploration)

이해(understanding)

행위(action)

질문하기의 효과성

비효과적 ↑ INCREASINGLY ↓ 효과적

관련 없는
상담이 진짜 주제에서 벗어난 것을 나타냄. 상담에 대한 오해를 불러옴. 상담자가 도움을 줄 능력이 없음을 전달. 주어진 주제를 다루는 데 대해 상담자가 저항하고 있음을 보여 줌.

비판적, 설명적, 방어를 일으키기
상담자의 가치관이 공공연히 내담자가 어떤 행동을 해줄 것을 기대하고 있음. 이렇게 하면 내담자의 침묵을 초래할 수도 있다.

선다형 선택
재진술을 명료하게 하지 못하면 질문의 가치를 희석시킴. 다중 질문은 내담자를 좌절시켜 내담자가 위험 가능성이 가장 적은 안전한 반응을 하게 만드는 경우가 종종 있다. (Long, Paradise and Long, 1981)

폐쇄형
내담자가 '예' 또는 '아니오'라는 짧은 대답을 하게 하여 충분한 표현을 하지 못하게 만든다.

폐쇄적 초대
폐쇄적 초대(can, could, would)는 상담자가 내담자의 능력을 확신하지 못한다는 뜻을 담고 있지만, 내담자가 적절한 주제를 탐색하고 초점을 맞추게 함.

개방적
내담자가 최대한 융통성 있는 반응으로 문제를 일으키는 조건들을 이해하게 함.

개방적 목표 설정
자기패배적인 행동이 확인됨에 따라 자기함양 목표와 긍정적인 대안을 찾게 하는 행위단계로의 행동 설정하기

해결책이 없는 폐쇄적인 순환사고에 대한 개방적 도전
내담자가 새로운 행동을 시도함으로 생기는 저항을 극복하는 활동단계로 들어가도록 하기. 문제의 현실을 보도록 돕기. 변화를 하지 않으려는 변명을 반박하기.

역시 한 단어의 말로 때로는 '아니오'라고 응답하게 되기 쉽다는 점이다. 주앙에 대한 +1점 질문의 한 예를 들자. "의사가 되려는 너의 목표에 의문을 갖게 된 계기에 대해 나에게 말해 줄 수 있겠니?"

효과적인 상담을 하는 전문가들은 +2점 질문들을 가장 자주 사용한다. 이와 같이 신중하게 구성된 질문들은 자기탐색을 유도한다. 또한 그런 질문들은 매우 폭넓고 깊이 있는 반응들을 하도록 만든다. 이런 질문들은 종종 '어떻게(how)' 또는 '어떤, 무엇(what)'으로 시작한다. +2점 질문의 한 예를 들면 다음과 같다. "네가 초기에 했던 결정에 대해 의문을 갖도록 만든 일들에는 어떤 것이 있었니?"

+3점과 +4점으로 평정된 질문들은 실제 상담장면에서는 비교적 덜 사용되는 경향이 있다. 그와 같은 평정을 받은 질문은 재진술하기, 타이밍과 관련된다. +3점 질문들은 전문가와 학생이 제시된 문제에 대해 충분한 이해를 한 후에 묻게 된다. 그런 질문들은 목표 설정 과정을 안내하거나 증대하도록 만든다. +4점 범주에 속하는 질문들은 종종 +3점 질문들과 함께 제시된다. 이와 같은 질문들은 목표 도달에 필요한 계획을 강화하고 에너지를 사용하여 나아가도록 만든다. 주앙의 경우에 그 연속적인 과정은 다음과 같이 이루어질 수 있다. "네가 자기회의를 다시 겪게 된다면 낙담하지 않기 위해 사용할 수 있는 전략에는 어떤 것들이 있을까?" "내일 있을 수학시험을 치르는 동안에는 어떤 자기회의 메시지가 나오게 될 거 같니?" 학생 내담자의 반응에 이어서 "그러면 그 메시지가 너를 괴롭히지 않도록 만들기 위해 어떻게 대응할 수 있겠니?"라는 질문이 따라올 수 있다.

여행 안내 정보 : 마지막 3개의 질문들은 인지 행동적 접근들의 영향을 받은 것이다. 학생 내담자가 자기회의와 부정적인 자기대화에 임하게 될 때, 문제를 외재화하고 이야기 치료 중재를 하는 것이 도움이 될 수 있다.

주의해야 할 일 : 너무 이르게 제시되는 질문은 부적절하기 때문에, +3점 및 +4점 질문들이라 할지라도 −4점 질문이 되고 만다는 사실을 기억하는 것이 중요하다.

당신이 주앙에 대한 반응으로 적은 질문들로 돌아가서 각각의 질문들을 그 모형에 따라 순위를 매겨 보라. 당신이 받은 −2점, −1점, 그리고 +1점 질문들에 수정을 가하면 그 질문들은 +2점 질문들이 될 수 있다.

질문들의 형식과 빈도는 예비전문가들 및 현직 전문가들에게 있어 가장 큰 도전이 되고 있는 것으로 보인다. 그들은 때때로 탈출구를 찾을 수 없는 질문의 덫에 갇히기도 한다. 하나의 질문은 또 하나의 질문을 이끌게 되는 것으로 보이며, 나아가 그 질문들은 다음에 어떤 질문을 해야 할지에 대한 아이디어를 빠르게 소진시키는 것도 같다. 안타깝게도 이런 유형의 교환은 생산적이지 못하며 나아가 학생 내담자들은 좌절하게 되거나 의존적인 상태가 된다. 만일 이런 유형의 상호작용이 지속되면 그 관계는 손상을 받게 될 것이다.

질문의 덫을 피하기 위한 한 가지 전략은 다음과 같은 말을 해보는 것이다. "그것은 내가 말하고자 했던 방법이 아니었어. 다시 해 보자."

여행 안내 정보 : 위에서와 같은 비네트(vignette : 특정 사람이나 사람들 간의 관계 및 상황 등을 묘사하는 짧은 글이나 행동–역주)를 사용하여, 다음에 제시하는 예는 학교상담자와 주앙 간의 비효과적이고 도움이 되지 못하는 교류를 묘사하고 있다. 재미있는 기분 전환의 기회를 제공할 것이다☺.

주앙 : 무슨 소용이 있어요? 나는 학교생활에 지쳤어요. 나는 이렇게 힘들게 공부하는 데 지쳤어요. 내가 대학에 가기 위해, 단지 의대에 가려고 부질없이 시간 낭비를 해서 뭐하겠어요? 나는 가능한 빨리 고졸 학력 증명서를 받을 거예요. 그리고 무언가 할 일을 찾을 겁니다. 만일 내가 의대에 진학하게 된다면 남부럽지 않은 생활을 할 수 있게 되기까지 여러 해가 걸릴 거예요.

학교상담자 : 네가 가고 싶은 곳은 어디니?

주앙 : 이 지역에 있는 종합대학에서 출발하는 것이 좋을 것 같아요. 전문대학도 생각하고 있어요. 나는 캔자스에 있는 사립대학에 진학하는 것도 생각해 왔어요.

학교상담자 : 헤이스팅스에 있는 대학 말이니?

주앙 : 네.

학교상담자 : 지원 서류들은 모두 가지고 있니?

주앙 : 아니요.

학교상담자 : 왜?

주앙 : 모르겠어요. 어떻게 시작해야 할지 확신이 서지 않아요.

학교상담자 : 학자금 융자는 어때? 너의 부모님은 그 정보를 제때 파악하셔서 네가 받을 수 있도록 해 주실 수 있니?

주앙 : 그렇게 하는 방법에 관한 정보를 어느 정도 얻을 수 있다면 그분들이 하실 수 있을 거예요.

학교상담자 : 전문대학에 진학하려고 생각하는 이유가 뭐니?

주앙 : 잘 모르겠어요. 나는 내가 선택할 수 있는 것들에는 무엇이 있고, 또 비용은 얼마나 들어가는지에 대해 알고 싶었어요. 또 한 곳 이상에 응시할 수 있을 거라고 생각했어요.

학교상담자 : 왜? 너는 합격하지 못할 거라고 생각하니?

주앙 : 정말로 모르겠어요.

여행 안내 정보 : 다음에 제시되는 예에서는 학교상담자가 주앙이 자신의 좌절과 낙담을 탐색하도록 돕기 위해 반영과 질문들을 결합하여 사용한다. 이런 유형의 상호작용을 통해 학교상담자는 주앙이 겪고 있는 어려움을 보다 더 분명하게 이해할 수 있다.

주앙 : 무슨 소용이 있어요? 나는 학교생활에 지쳤어요. 나는 이렇게 힘들게 공부하는 데 지쳤어요. 내가 대학에 가기 위해, 단지 의대에 가려고 부질없이 시간 낭비를 해서 뭐하겠어요? 나는 가능한 빨리 고졸 학력 증명서를 받을 거예요. 그리고 무언가 할 일을 찾을 겁니다. 만일 내가 의대에 진학하게 된다면 남부럽지 않은 생활을 할 수 있게 되기까지 여러 해가 걸릴 거예요.

학교상담자 : 너는 지금 너무 열심히 공부해 오면서 지친 것 같구나. 그래서 의사가 되기 위해 앞으로 몇 년 동안 이렇게 힘들게 더 공부해야 할 것을 생각하니까 낙담이 되고 또 무척 부담이 되는구나.

주앙 : 낙담하게 된 것은 그리 오래되지 않았어요. 내가 해야만 하는 유일한 일은 미적분 교실로 걸어 들어가서 마감까지 내야 하는 모든 과제들에 대해 생각하는 것입니다. 그럴 때면 나는 그저 문 밖으로 나가서 그만두고 싶어져요.

학교상담자 : 미적분은 바로 지금 엄청난 장벽이 되고 있는 것 같아 보이는구나. 미적분에서 무슨 일이 있었기에 네가 그렇게 힘들게 된 거니?

주앙 : 나는 지난 학기에 그 과목을 상당히 잘 해왔다고 생각해요. 1월에도 괜찮았는데, 몸이 아프게 되는 바람에 한 주 내내 학교를 빠

지게 되었습니다. 그래서 여러 부분을 놓치게 되었는데 그 이후에는 아무것도 이해가 되질 않아요.

학교상담자 : 첫 학기 동안 내내 미적분학 과목에 대해 꽤 수월했지만 1월에 병이 나면서 상당히 뒤처지게 되었구나.

주앙 : 그때 이후로 나는 그 밖의 다른 과목들에서도 뒤처지게 되었어요. 학교로 돌아왔을 때 정말로 상태가 좋지 않았어요. 나는 모든 분야에서 뒤처졌고 그래서 내가 평소 가지고 있던 에너지가 생기지 않았어요. 일들이 무척 금방 힘들어졌어요.

학교상담자 : 그러면 지금 너의 건강은 어떠니?

주앙 : 다시 상당히 좋아지고 있다고 느끼고 있어요. 아직 평소 해 왔던 것처럼 운동을 시작하지는 않았지만 봄 방학 동안에는 정상으로 돌아가리라 희망해요. 전염성 단핵증에 걸렸었는데 의사들이 내가 회복되기까지 많은 시간이 걸릴 거라고 말했을 때 정말로 믿지 않았어요. 나는 학교 수업을 많이 빠지지 않았고 아플 때면 단지 며칠 정도만 빠졌었지요.

학교상담자 : 상당히 아팠구나. 그리고 의사들이 너에게 긴 시간이 걸릴 거라고 말했고 정말로 다시 좋아지기까지 긴 시간이 걸리는 것에 대해 너는 아직도 놀랍게 생각하고 있는 것 같구나.

주앙 : 맞아요. 그리고 그것이 나를 정말로 엉망으로 만들어 놨어요. 여러 과목에서 성적이 떨어졌습니다.

학교상담자 : 너에겐 학교에서 잘하는 것이 중요하다는 말로 들리는구나.

주앙 : 네, 항상 그래 왔어요. 나는 정말로 대학에 가고 싶어요. 그리고 의대에 갔으면 해요. 부모님은 그만한 돈을 가지고 있지 못하시기 때문에 어느 정도의 장학금을 받으려고 해요. 하지만 성적이 뒷받침되지 않으면 그렇게 할 수 없을 거예요.

학교상담자 : 그러니까 네가 보기에는 지금의 미적분학 과목에서의 낮은 성적은 네가 대학에 가는 데 필요한 장학금을 받지 못하게 만드는 장벽이 될 것 같구나.

주앙 : 그 이상입니다. 나는 종합대학교에 가고 싶어요. 그리고 그곳에 들어가기 위한 입학 조건은 상당히 높아요. 종합대학교의 수업료 또한 높습니다. 나는 정말 이 문제에서 빠져 나올 수 있는 방법을 찾아야만 합니다.

학교상담자 : 여러 가지 이유로 네가 학교에서 잘하는 것이 중요하구나. 너는 의사가 되고 싶고, 의대 입학 준비를 해서 알라바마 대학교에 가고 싶구나. 너는 성적이 좋았기 때문에 장학금을 받을 수 있는 위치에 있어 왔어. 이번 학기처럼 아팠던 적이 없었고, 더욱이 미적분학 과목에서 차질이 생기고 있기 때문에 낙심이 되는 것 같구나. 비록 네가 낙심이 되고 또 너의 성적을 걱정하고 있지만 너는 아직 꿈을 가지고 있구나.

주앙 : 그래서 지금 엉망이 된 거예요. 이 상황을 바꿀 수 있는 어떤 방법이 있을까요?

학교상담자 : 너는 그걸 위해서 어떤 방법을 시도해 본 적이 있니?

여행 안내 정보 : 학교상담자는 그 상황에서 암묵적인 목표로 전환할 때 내담자인 주앙이 주도하도록 하고 있다는 것에 주목하라. 그와 같은 자연스런 전환은 학교상담자가 주앙이 문제해결과정을 시작할 준비가 되어 있다고 생각했음을 시사한다.

이 부분을 시작하면서 언급했던 것처럼 몇몇 질문들은 중요한 정보를 얻기 위해 이루어진다. 전문가들은 그들이 도움을 주는데 필요한 정보를 파악하는 일에 능숙하다. 그들은 자신의 호기심을 극복하고, 심문하는 것 같은 상호작용을 피하도록 사려 깊게 질문한다. 또한 그들은 명료화를 촉진하기 위해 질문을 사용하기 적절한 때를 안다. 만일 너무 많은 질문이 사용되면 학생들은 오히려 정보를 적게 제시하면서 전문가의 다음 질문을 기다리는 경향이 있다. 이와 같은 패턴은 어른들의 요구에 반응하는 것에 익숙한 어린 아동들에게서 더욱 두드러진다.

피해야 할 함정

우리는 지금까지 상담의 기본적인 기술들에 관해 살펴보았다. 이것은 특히 모든 연령층의 내담자들과 견고한 작업관계를 발전시키고자 할 때 도움이 된다. 여기서 우리는 Thomas Gordon(1970, 1974)에 의해 확인된 원천적인 장애물 목록에 기초하여 의사소통 장애물들에 주의를 환기시키려 한다. 비록 Gordon의 장애물 목록은 40여 년 전에 출간되었지만, 오늘날에도 많은 저자들은 자신의 저서를 집필할 때 우리와 마찬가지로 계속해서 그의 작업 결과물에 기초하고 있다.

우리는 몇 가지 전략을 배운다.
우리는 다른 것들은 배우지 않거나 피한다!

표 2.1 의사소통 장애 요소들

장애 요소들	보기
두목 역할하기	• 교실에 돌아가서 담임선생님께 네가 한 일에 대해 말해라. • 그 문장에서 당장 나와 철자법을 끝내라.
위협하기	• 한 번 더 소동을 일으키면 올해의 나머지 날 동안 너를 근신시킬 거야.

(계속)

장애 요소들	보기
설교하기와 강의하기	• 그렇게 행동하는 것이 훨씬 착한 아이야. 너희 부모님은 네가 한 이 일에 대해서 내가 말하면 매우 실망하실 거야. • 네 미래에 대해 지금 당장 생각해 보라고 내가 한 번 말한 거는 남이 100번 말한 거와 똑같아.
충고 주기	• 나라면 너희 반의 다른 여자아이들과 이야기를 나누어 볼 거야. 그 아이들에게 네가 어떻게 느끼는지 말해. • 너는 그저 그 남자아이를 무시하고 네 일에만 신경을 써라. • 너는 네 기대수준을 낮추고 이 지역에 있는 전문대학에 가야겠다.
비판하고 판단하기	• 너는 아주 게을러! 네가 노력도 안 하면서 어떻게 좋은 성적을 받을 수 있겠니? • 네 외모는 불손하고 혐오스럽다. 부끄러운 줄 알아라. 나 참.
심문하기	• 너는 왜 그걸 이렇게 했어? • 네 숙제와 가방은 어디다 두고 왔어?
주의 흩뜨리기나 주제 바꾸기	• 어머, 너 시내에 새 영화가 들어왔다는 거 들어 봤니? • 게임 하나 해 보자. 그러면 너의 걱정거리에 대해 잊을 수 있을 거야.
냉소적인 코멘트하기	• 그게 어떻게 될 거라고 생각하고 그 일을 했니? • 바보짓을 했구나. • 여자아이처럼 달리네.
독심술하기	• 알겠다. 내가 늦게 와서 나한테 화가 났구나. • 너는 내가 너보다 영리해서 언제든지 너를 도울 거라고 생각하는구나.
심리학자 되기	• 나는 네 문제가 뭔지 알아. 너는 새 집에 적응하는 데 여전히 문제를 가지고 있어. • 너는 아주 방어적이다.
상대방보다 앞서기	• 너는 네가 문제를 가지고 있다고 생각하는구나. 내 문제는 네 문제보다 훨씬 나쁘단다.
최소화하기와 달래기	• 3년 후에 너는 이 일에 대해 모두 잊게 될 거야. • 그처럼 터무니없는 일로 속을 끓이고 조바심을 내다니. • 그저 며칠 지나면 너는 괜찮아질 거야. 너는 아주 강한 사람이기 때문에 이걸 쉽게 극복할 수 있을 거야.
동기 부여하기	• 너는 나와 말하는 모습을 보여 주기 싫어서 놀이터에서 나를 피한 거지. • 나에게 앙갚음을 하려고 그걸 했지. • 너는 그저 나를 짜증나게 하고 싶구나!

출처 : Gordon의 20가지 의사소통 장애 요소들, Gordon, 1970, 1974.

비록 우리가 예비 학교상담자들과 학교심리학자들이 해온 전형적인 실수들에 초점을 맞추는 것은 피하지만, 우리가 관찰해 온 일반적인 실수들과 대학원생이었을 때 했던 실수들을 분명히 점검하는 것이 도움이 된다는 것을 알고 있다! 다음의 단락들은 피해야 할 함정들의 예를 포함하고 있다.

이 함정들은 상담 관계에 국한된 특유의 것이 아니다. 그것들은 전문적인 의사소통에서뿐만 아니라 모든 사람들의 의사소통을 방해한다.

그것에 대해 어떤 감정이 드나요?

이 흔한 실수는 통속 심리학과 텔레비전 시트콤에서 비롯되었을 가능성이 있다. 전문가들은 반영을 통해 감정에 초점을 맞추는 경우가 종종 있지만 학생들에게 그들의 감정을 확인하기 위해 질문하는 것은 거의 가치가 없다. 그 반응은 간혹 인지적이며 생산적인 작업을 거의 이끌어내지 못한다. 오히려 우리는 학생 내담자들의 사고와 감정에 대한 이해를 반영함으로써 우리가 예리한 주의를 기울이고 이해하고 있음을 보여 준다. 만일 당신이 정말로 학생의 말 이면에 담긴 감정이 무엇인지 잘 모르겠다면 학생의 상황을 더 잘 이해하는 데 도움이 되는 일반적인 탐색적 말을 사용해보라. (예 : "그래! 바로 지금 네 마음속에서 아주 여러 가지의 감정들이 있다는 말로 들리는데. 아버지가 수감되어 있는 상황에 대한 네 입장이 어떤지를 내가 이해하도록 말해 줄래?")

좋은 반영을 질문으로 전환하기

반영을 잘하려고 하는 것은 예비전문가들에게서 아주 흔하게 있는 일이다. 하지만 그들은 그것에 대해 확신하지 못한다. 그래서 다음과 같이 말한다. "너는 걔한테 화가 났구나, 그렇지 않니?" "너는 너의 성적에 대해 걱정하고 있구나. 내 말이 맞니?" 비록 이런 질문들은 치명적인 실수는 아닐지라도 내담자가 그 질문에 대해 한 단어로 된 대답을 하게 하고 대화를 방해하기 쉽다.

제3자에 초점 맞추기

때로는 학생들이 다른 사람들의 지각에 대해 어떻게 이해하고 있는지를 물어 보는 것도 중요하다. 그러나 일반적으로 상담관계 밖의 누군가에 초점을 맞추는 것은 덜 생산적이다. 경우에 따라 청소년들은 자신의 경험이나 감정보다는 친구들과 부모에게 초점을 맞춤으로써 주의를 분산한다. 제3자에 초점을 맞추는 예는 다음과 같은 질문들을 포함한다. "너의 아버지는 네가 종합대학교에 진학하고자 하는 것에 대해 어떻게 느끼고 계시지?" "그는 그걸 이루기 위해 어떤 노력을 했니?" 때때로 전문가들과 학생 내담자들은 무심코 다른 사람들에게 초점을 맞추는데, 그 이유는 상담실 밖의 누군가에게 초점을 맞추게 될 때 상담 작업에서 느끼는 부담이 덜하기 때문이다.

'생각하다' 와 '느끼다' 를 바꾸어 사용하기

비록 생각하다(think)와 느끼다(feel)는 동의어는 아니지만 비공식적인 대화를 할 때뿐만 아니라 심지어 공식적인 저술에서도 종종 서로 대체하여 사용된다. 예컨대 어떤 전문가는 다음과 같이 말할지도 모른다. "너는 그 아이가 너를 비난했을 때 걔가 잘못했다고 느끼는구나." 이 전문가는 이 반응이 감정을 반영한다고 믿고 있을 가능성이 크다. 실제로 이 말에는 감정이 포함되어 있지 않다.

우리는 여러분이 용어들을 정확하게 사용하는 습관을 발전시키도록 권장하는 바이다. 생각과 감정 용어를 정확히 구분하여 사용하는 것은 여러분이 보다 더 세밀하고 보다 더 감동적으로 반영하는 것을 도와준다. 더욱이 여러분이 인지 행동적 접근과 문제해결 접근으로 작업을 할 때, 학생 내담자들이 그들의 감정으로부터 생각을 구분하고자 하는 경우를 대비한 준비 작업을 해야 할 것이다.

어떤 참조 대상이 정서가 아닌 인지로 이루어진 것이라는 점을 확인하기 위해 단어 that 이하의 문장을 잘 보아야 한다. 예컨대 "You feel that she should not be for captain(너는 그녀가 주장이 되어서는 안 된다고 느끼고 있구나)."의 정확한 표현은 다음의 문장이 될 것이다. "You think he was wrong to her for captain(너는 걔가 그녀를 주장으로 뽑은 것은 잘못이라고 생각하는구나)." '생각한다'와 '느낀다'라는 동사를 정확하게 구분하여 사용하는 것은 전문가들이 반영할 때 겪는 혼란을 방지한다. 또한 이렇게 하면 학생 내담자들이 자신의 경험을 명료하게 구분하도록 할 수 있다.

정도 축소하기 또는 과장하기

학생 내담자들의 경험을 정확한 정도로 반영하는 것은 도전적인 일이다. 예컨대 전문가들은 학생 내담자가 매우 화가 난 경우에 "너는 좀 짜증이 났구나."라고 말할지도 모른다. 반영이 너무 자신 없게 이루어질 때는 그 가치가 감소하게 된다. 다음은 그 예를 보여 준다. "잘은 모르겠지만 네가 예정되어 있는 시험 때문에 좀 불안해하고 있는 것 같이 들리는구나." 이와 같은 말은 전문가들의 개입 효과를 감소시킨다. 은연중에 이루어지는 암시는 전문가가 당면한 문제에 대해 중요하다고 생각하지 않는 것으로 비춰질 수 있다.

애매하게 초점을 맞춘 반영

예비전문가들은 정확히 개인에게 맞춰진 언어 사용에 어려움을 겪는다. 예컨대 사람들은 종종 "오늘 어때요?"라고 말한다. 물론 이 말은 "오늘 기분이 어떠니?" 또는 "오늘 어떻게 지냈니?"라는 것을 의미한다. 때때로 전문가들은 "거기에 화가 있네."라고 말한다. 물론 화는 공기 중의 이곳저곳을 자유롭게 떠다니지 않는다. 학생은 지금 화가 나 있다. 여러분이 반영할 때에는 명료하고 부합되는 언어를 사용하도록 노력하기 바란다.

공식적 언어와 비공식적 언어의 사용을 고려하라. 비공식적 태도는 당신의 노력 효과를 감소시킬 수 있다. 반면에 어떤 학생들의 경우에는 비공식적 태도를 선호한다.

질문으로 표현된 조언

예비전문가들은 종종 우리들이 하는 일의 많은 부분은 아동, 청소년, 부모, 또는 선생님들이 해야 할 일이 무엇인지를 말하거나 조언하는 것이라는 생각을 못 놓는다. 그와 같은 접근은 거의 효과를 거두지 못한다. 만일 그러한 접근이 효과적이었다면 아동들은 다양한 영역에서 챔피언이 될 수 있었을 것이다. 왜냐하면 아주 많은 사람들과 여러 곳에서 다양한 조언을 듣기 때문이다.

은연중에 이루어지는 조언은 효과적이지 않을 뿐만 아니라 정직하지 못한 것이다. 예컨대 "너는 그에게 그 문제를 해결할 수 있도록 도와달라고 요청해 보았니?"라는 질문은 아마도 "나는 네가 그에게 그 문제를 해결할 수 있도록 도와달라고 요청해야 한다고 생각한다."는 것을 의미한다. 유사하게 "너는 왜 네 친구에게 맞서지 않는 거니?"라는 질문은 좋은 질문이 아니며 좋은 조언이 되기 어렵다.

폐쇄적 질문하기와 질문의 함정 만들기

특히 아동과 청소년의 경우에 폐쇄형 질문들은 최소량의 대답을 하게 만든다. 적절한 반응이 없으면 전문가들은 전형적으로 또 다른 폐쇄형 질문을 하게 되고 나아가 그들 스스로가 질문의 함정에 빠진 것을 알게 된다. 개방형 질문들은 폐쇄형 질문들에 비해 훨씬 더 도움이 된다. 그러나 그런 질문들도 너무 많이 이루어지거나 반영과 적절하게 균형을 이루지 못하면 역시 질문의 함정에 빠질 수 있다.

첫 번째 회기나 친숙하지 않은 상황에서 회기를 진행하기 전에 (점검해 볼 사항)

당신은 분명히 개인상담에서 당신의 첫 번째 학생을 만나기 전이나 당신의 첫 번째 상담집단을 촉진시키려 할 때 긴장하게 될 것이다. 우리는 때때로 상담관계를 시작할 때 불안하며 우리의 능력에 의문을 던지기도 한다. 그런데도 우리는 이런 작업을 오랜 기간 동안 해 왔다! 심지어 가족치료전문가로 잘 알려진 Carl Whitaker조차도 종종 내담자를 만나기 전에 특히 첫 번째 만남에서는 불안했다고 말한 바 있다. 다시 말하면 어느 정도의 불안을 느끼는 것이 정상이다.

첫 번째 회기에서 가장 중요한 과업에 대해 기억하는 것이 도움이 될 것이다. 즉 관계 촉진하기가 그 과업이다. 당신이 함께 작업을 진행하는 상대방은 당신의 반응이 어색한지 또 폐쇄형 질문들을 하는지에 대해 아마도 알아채지 못할 것이다. 그 사람 또한 불안해하며 판단되거나 비판받게 될 것을 두려워할지도 모른다. 처음 몇 분 동안 우리는 어떻게 관계를 발전시킬 것인가에 대한 기초를 다져야 한다. 따라서 수용, 존중, 온정, 그리고 상대방의 경험에 대한 당신의 이해를 전달하는 것이 중요하다. 또한 절망에 빠져 있는 사람이 다시 희망을 가질 수 있도록 도와주는 것이 중요하다.

전형적으로 전문가로서의 발달은 상담기술들에 관한 독서와 수강, 집단에 참여하기, 그리고 역할수행에서의 연습부터 슈퍼비전 상황하에서 실제 회기를 수행하기까지 다양하게 진행된다. 불안, 자기회의, 자의식은 초기 회기들을 진행할 때 흔히 나타나는 반응들이다. 첫 번째 실습교육이 끝날 무렵에 우리의 예비 학교상담자들 가운데 2명이 다음에 기술한 것처럼 이런 종류의 불안은 실제로 정상이다.

Sheila Phelps의 추천 글 : 나는 아주 약간의 불안감을 가지고 실습과목에 들어갔다. 나는 그 과정을 통해 나에게 기대되는 것이 무엇인지 알고 있다고 생각했으며, 또 그것을 해낼 자신감이 있었다. 첫 주가 지나면서 그러한 생각은 모두 변했다. 나는 다른 수업들에서 여러 차례 역할 연습들에 참여했었고, 책을 읽었으며, 감정 단어들의 목록을 외우고 있었고, 더 이상 역할 연습이 아니라는 생각을 했었지만 실제 내담자를 대상으로 한 실제 경험은 나를 곤경에 빠뜨렸다. 나는 내담자와 마주앉아 있는 첫 번째 시간이 영원인 것처럼 느껴졌다. 나는 나의 능력을 의심했고 내담자에게 나 자신이 어떻게 비춰지고 있는지를 생각하니 스스로가 과도하게 비판적으로 느껴졌다. 실제로 학급 과학교사로 나의 전문적 경력을 끝내는 것은 어쨌든 그렇게 나빠 보이는 것은 아니었다. 그런데도 나는 상담자가 되겠다고 이러고 있는 것이다. 나는 실습 여행의 초반에 나 자신에게 여러 차례 물었다. "너는 네가 무엇을 하고 있다고 생각하니? 너는 네가 어떤 사람이라고 생각하니? 너는 상담에 대해 무엇을 알고 있니?"

내가 상담자로서 효과적일지 아닐지에 대한 우려, 자기회의, 그리고 내적 갈등을 거치기까지 2주의 시간이 걸렸다. 나의 슈퍼바이저의 친절한 안내와 내가 속한 실습과목 팀의 다른 다섯 멤버들의 지지를 통해 나는 이 길에서 혼자가 아니라는 것을 깨달았다. 나에게는 관찰거울 뒤에서 성원해 주는 여섯 명의 다른 사람들이 있었다. 그들은 소중한 피드백을 주고 내가 전문적으로나 개인적으로 발전해가는 것을 도와주고 있었다. 팀의 다른 멤버들을 관찰했다. 나의 경험은 물론 그들의 경험을 통해 배우는 것도 엄청났다. 실습과목이 끝나갈 무렵 나는 시작 단계에서 가졌던 자기회의적 물음들에 대해 답할 수 있게 되었다. 상담자로서의 나의 능력에 대한 확신을 얻게 됨에 따라 내가 가졌던 우려와 자기회의의 감정은 녹아버렸다.

실습과목은 하나의 과정이자 여행이다. 나는 이보다 더 값진 경험을 상상하기 어려웠다.

Sherri Schmidke의 추천 글 : 실습과정은 최고의 경험 가운데 하나였고 아마도 내가 이 프로그램에서 가졌던 최고의 경험일 것이다(또한 많은 것을 알려 준다). 실습과정에 참여하면서 나는 잘못하면 어쩌나, 누군가에게 심각한 정신적 문제를 안겨주면 어쩌나 걱정하며 내담자들이 나를 자기가 하고 있는 것이 뭔지도 모르는 비숙련 학생이라고 여길까 봐 매우 긴장했다. 관찰거울은 나의 불안의 가장 큰 원천이었는데, 그 이유는 대부분 그 뒤에서 나에 대해 무슨 평가를 하는지 알 수 없기 때문이었다.

8주 후에 나는 내가 가졌던 무모한 꿈을 넘어 상담에 대한 자신감과 즐거움을 얻었다. 나의 슈퍼바이저는 나에게 더 변화된 사람이 누구인지 모르겠다고 말했다. 즉 내담자가 더 변한 것인지 내가 더 변한 것인지를 모르겠다고 하였다. 실습과정은 성장하는 고통 없이 성장의 경험을 하는 기회이다. 나는 그 과정의 모든 순간을 즐겼고 끝나는 순간이 다가오는 것을 알게 되면서 슬펐다. (이것은 나에게 엄청난 것이었는데 그 이유는 내가 시간이 주는 부담감 때문에 실습과정을 하는 것조차 원하지 않았었기 때문이다!) 내 첫 내담자를 상대로 한 첫 번째 회기가 끝난 후 나는 열의로 가득 차 있었다. 나는 매주 내가 진행하는 회기를 즐거운 마음으로 기다렸다. 어디서 내가 더 배웠는지 모르겠다. 내 동료들이 상담하는 것을 지켜보면서 더 배운 것인지 아니면 나 자신이 그 방에서 상담하면서 더 배운 것인지도 모르겠다. 그만큼 둘 다 도움이 되었다. 둘 다 매우 다른 방식의 진정한 학습 경험이었다. 나는 실습과정에서 내가 경험한 것을 결코 잊지 않을 것이다. 또한 나의 미래의 경력과 개인적으로나 자신을 위해 도움이 된 그 실습과정의 경험에 대해 나는 매우 감사하게 생각한다.

기술들을 결합하여 사용하기

비언어적으로 주의집중하기, 트래킹하기, 재진술하기, 반영하기, 명료화하기, 요약하기, 그리고 효과적으로 질문하기 등은 서로 별개의 독립적인 기술들이 아니다. 전문가들이 이 모든 기술들의 용법을 배우게 됨에 따라 우리가 하는 작업의 예술성은 더욱 분명해진다. 그럼에도 연습과정 없이 그와 같은 예술가적 기술이 나타나기는 쉽지 않다. 따라서 우리는 당신이 친구들과 대화하는 동안에 그리고 다른 사람들을 관찰하면서 연습해 보기를 권하고 싶다. 예컨대 텔레비전을 보면서 '반영하기'를 연습해 보라. 아마도 당신은 다음과 같이 말할지도 모른다. “그녀가 화가 난 것 같아 보이는군요.” “그 여자아이가 숙제를 도와주겠다고 말했기 때문에 그는 행복하네요.” 당신은 상점의 계산대를 통과하면서 반영할지도 모른다. 하지만 주의하라! 당신은 당신이 예상한 것보다 더 긴 대화를 시작한 것일 수도 있다! 숙련된 학교 관련 장면의 전문가가 되는 것에는 시간이 걸린다.

반영의 해결책

다음에 제시하는 각각의 반영들에 대해 무엇이 문제인지를 지적하고 개선된 반응을 구성해 보라.

너는 엄마가 무척 불공정하다고 느끼고 있구나.

문제 : ______________________________

____

____

개선 : ______________________________

____

____

나는 형이 방에서 뛰어 나갔을 때 엄마가 어떤 심정이셨을지 궁금하구나.

문제 : ______________________________

____

____

개선 : ____

____

____

너는 그 모임에 초대받지 못해서 슬프고 혼란스러운 감정을 느끼고 있는 것 같구나. 그렇지?

문제 : ____

____

____

개선 : ____

____

____

너는 남자친구가 댄스파티에 다른 사람을 초대했기에 기분이 좀 상했겠구나.

문제 : ____

____

____

개선 : ____

____

____

얘야, 거기에는 많은 감정들이 있단다.

문제 : ____________________

____

____

개선 : ____________________

____

____

질문의 해결책

다음에 제시하는 각각의 질문들에 대해 무엇이 문제인지를 지적하고 개선된 반응을 구성해 보라.

너는 왜 숙제를 그의 집에 놔두었니?

문제 : ____________________

____

____

개선 : ____________________

____

____

너는 그녀가 너에게 한 말에 대해 어떻게 느끼고 있니?

문제 : ______________________________

____

____

개선 : ______________________________

____

____

너는 앙갚음하고 싶었니, 아니면 너의 상황을 설명하려 했니?

문제 : ______________________________

____

____

개선 : ______________________________

____

____

너는 그것에 대해 화가 나 있구나, 그렇지 않니?

문제 : ______________________________

____

____

개선 : ____

____

____

너는 네가 어떻게 느끼는지에 대해서 부모님과 대화할 생각을 해 보았니?

문제 : ____

____

____

개선 : ____

____

____

생각하다(think)와 느끼다(feel)의 해결책

다음에 제시하는 각각의 진술들에 대해 생각하다(think)와 느끼다(feel) 두 단어가 정확하게 사용되었는지 아닌지를 지적해 보라.

1. 나는 금요일이면 교실에서 나올 때 큰소리를 외치고 싶은 느낌이 들지요(I feel like shouting when…).
2. 나는 내 문제를 정말로 이해하는 사람은 아무도 없다고 느껴요(I feel that…).
3. 나는 지금 당장 치과의사에게 갈까 생각하면서도(I am thinking…), 동시에 그것에 대해 두려움을 느껴요(I feel scared…).
4. 나는 내 주변에서 뱀을 보면 늘 겁이 나요(I feel terrified…).
5. 나는 누군가가 나에게 똑똑하다고 말하면 키가 10피트는 커진 것처럼 느껴져요(I

feel like…).

6. 나는 내 친구를 믿었는데 그 애가 내 비밀을 누군가에게 말해버렸기 때문에 정말로 화가 나요(I feel really angry…).
7. 나는 이 세상에 친구가 한 명도 없다고 느껴요(I feel like…).
8. 나는 방금 차 사고를 냈는데 그게 불공평하다고 느껴요(I feel that…). 어쨌든 지난달에 찻값을 다 냈는데 말이에요.
9. 나는 토요일에 몇 벌의 새 옷을 사서 행복함을 느껴요(I feel happy…). 근데 부모님이 그 계산서를 보고 보이실 반응에 대해 걱정이 돼요(I feel worried…).
10. 나는 매우 오해받았다고 느껴요(I feel so…).

내용 및 정서 반영하기

다음에 제시하는 말들에 대해 내용과 정서 둘 모두 반영해 보라.

이자벨라, 4학년 학생 : 나는 야구 연습에 갈 수 없었어요. 왜냐하면 수학 과제를 마쳐야 했고, 그런 다음 아빠가 몇 가지 심부름을 다녀오시는 동안 어린 여동생을 지켜봐야 했기 때문이에요. 이제 코치는 이번 주말에 있을 경기에 날 참여하지 못하게 할 거예요. 실은 그게 그렇게 큰 문제가 되진 않을거라 여겨지긴 하지만요.

반영 : ______________________________

____

____

영어 교사 : 나는 달리 무엇을 해야 할지 모르겠어요. 내가 가르치는 아이들은 기본적인 방정식들을 배우지 않았고 국가시험은 다음 주에요. 만일 우리 아이들이 기준점을 통과하지 못한다면 어떤 일이 벌어질지 모르겠어요.

반영 : ______________________________

____

____

7학년 소녀의 부모 : 나는 애니네 반의 여자아이들에게 무척 화가 나요. 그 애들은 애니에게 너무 나쁜 짓을 했어요. 그 애들은 애니를 욕하고, 자기들 활동에서 왕따를 시켜요. 그 애들은 애니가 입고 있는 옷에 대해 놀려요. 정말로 잔인해요!

반영 : ______________________________

____

____

10학년 소년 : 나는 내가 응원단에 속하지 못하게 된 것을 알게 되었어요. 만일 시간이 있었더라면 묘기를 부릴 수도 있었다는 것을 알았어요. 나는 정말로 대표팀 치어리더가 되기를 바랐어요. 다른 아이들이 나를 놀릴 때도 신경 쓰지 않았어요. 나는 응원단에 속하기를 원했어요.

반영 : ______________________________

____

____

고등학교 졸업반 학생 : 무슨 소용이 있어요? 내가 아무리 열심히 해도 나는 결코 장학금을 받을 만큼 높은 SAT 점수를 받지 못할 것이고, 나의 부모님은 내가 대학에 들어가는 비용을 내지 못하실 거라는 걸 알아요. 나는 졸업하면 일자리를 찾게 될지도 몰라요.

반영 : ______________________________

____

____

촉진적인 질문 구성하기 : +2점 질문들

다음에 제시되는 각각의 질문들을 개선하는 +2점의 촉진적인 질문 2개를 구성해 보라.

전문가 : 오늘 나를 보자고 한 이유가 뭐니?

질문 1 : ______________________________

____

____

질문 2 : ______________________________

____

____

전문가 : 내가 도와 줄까?

질문 1 : ______________________________

____

____

질문 2 : ______________________________

____

____

전문가 : 내일 학교에 올 거라고 나와 약속할 수 있니?

질문 1 : ______________________________

____

____

질문 2 : ______________________________

____

____

전문가 : 어디에 있는 대학에 가고 싶니?

질문 1 : ______________________________

____

____

질문 2 : ______________________________

____

____

전문가 : 너는 우리 학교를 졸업한 후에 무엇을 하고 싶니?

질문 1 : ______________________________

____

____

질문 2 : ______________________________

____

____

전문가 : 너의 성적은 얼마나 나쁘니?

질문 1 : ______________________________

____

____

질문 2 : ______________________________

____

____

전문가 : 반장을 시켜 너를 부르기 전에 너는 식당에서 무엇을 하고 있었니?

질문 1 : ______________________________

____

____

질문 2 : ______________________________

____

____

전문가 : 네가 울기 전에 너와 네 친구들은 운동장에서 무엇을 하고 있었니?

질문 1 : ______________________________

____

____

질문 2 : ______________________________

____

____

촉진적인 질문 구성하기 : +3점 질문들

질문이 시간적으로 적절하게 이루어지고 그 질문으로 학생 내담자가 목표를 설정하는 과정으로 들어오게 하면 +3점 질문이 된다. 당신이 캐시(아동 및 청소년을 위한 학교상담에 실렸던 학생 내담자)와 작업을 하고 있다고 가정해 보자. 그리고 당신은 그녀가 당신과 작업하기 위한 방향을 세울 준비가 되어 있으리라 확신한다고 가정해 보자.

당신의 스타일과 지식을 결합시킨 효과적인 질문 3개를 만들어 보라.

질문 1 : ____

____

____

질문 2 : ____

____

____

질문 3 : ____

____

____

촉진적인 질문 구성하기 : +4점 질문들

질문이 앞서 진행된 작업을 기반으로 하고 또 목표 달성을 뒷받침할 때 +4점 질문이 된다. 이 질문들은 학생들이 앞으로 일어날 수 있는 장애물들, 있을 수 있는 차질요인들, 그리고 도전들을 확인하고 대비하는 것을 도와 준다. 다시 캐시와의 작업에서 앞서서 확인한 당신의 +3점 질문들에 대한 그녀의 반응에 뒤이어 +4점 질문 2개를 구성해 보라.

질문 1 : ____

____

____

질문 2 : ____

____

____

고급 촉진 질문의 구성

다음에 제시되는 캐시의 말에 대한 반응으로 도움이 될 것이라고 믿는 촉진적 질문을 최소 2개 이상 구성해 보고 또 도움이 되지 않을 것이라고 생각되는 질문 1개를 구성해 보라.

캐시 : 모르겠어요. 나는 지금 나에 대한 너무 많은 물음들로 괴로워하고 있어요. 내게 뭔가 잘못된 게 있는 것 같아요. 더 안 좋은 사실은 내가 어쩌면 나쁜 아이일 거라는 거죠.

질문 1 : ____

____

____

질문 2 : ____

____

____

부적절한/비촉진적 질문 : ____

____

____

____

캐시 : 무슨 소용이 있어요? 대학에 가더라도 나는 아마 직업을 구하지 못할걸요. 나는 대학을 졸업한 우리 학교 출신들을 많이 알고 있어요. 걔네들은 아직도 식당에서 식사 시중을 들고 있어요. 학위를 이용해서 돈을 버는 것보다 식사 시중을 들면서 더 많은 돈을 벌 수 있어요.

질문 1 : ______________________________

____

____

질문 2 : ______________________________

____

____

부적절한/비촉진적 질문 : ______________________________

____

____

____

캐시 : 선생님(상담자)이 나라면 어떻게 하시겠어요? 선생님은 자신이 이상한 건지도 모르겠다고 생각해 보신 적이 있나요?

여행 안내를 위한 질문 : 여기에 당신에게 부합되는 것으로 여겨지는 질문이 있는가? 당신은 질문을 좋은 반영과 어떻게 결합시키겠는가?

질문 1 : ______________________________

____

____

질문 2 : ______________________________

____

____

부적절한/비촉진적 질문 : ______________________________

____

____

____

당신이 캐시와 함께 앉아 있다고 상상해 보자. 바로 지금 당신에게서 무슨 일이 일어나고 있는가? 어떤 반응과 단어들이 머릿속에 떠올랐는가?

여행 안내를 위한 질문 : 캐시가 말로 표현했던 질문들의 기저에는 어떤 생각과 감정이 깔려 있을까? 한 개의 반영이나, 한 개의 질문 또는 한 개의 반영과 한 개의 질문을 조합한 것 중 어느 것이 더 도움이 될까?

캐시를 위해 가장 도움이 될 것으로 생각하는 반응 하나를 구성해 보라.

캐시를 위해 도움이 될 것으로 생각하는 두 번째 반응 하나를 구성해 보라.

1. 이 여행에서 제시된 모든 기술들 가운데 당신에게 가장 어려웠던 것은 무엇인가?

2. 당신 개인의 특성들 가운데 어떤 것이 기본적인 돕기 기술들을 숙달하는 데 도움이 될까?

3. 학생 내담자들과 작업을 진행할 때 생기는 불안을 완화하기 위해 무엇을 할 수 있는가?

이 여행에 도움이 될 수 있는 자료들

Cowles, J. (1997). Lessons from "The Little Prince": Therapeutic relationships with children. *Professional School Counseling, 1*, 57–60.

여행 안내 정보 : Cowles는 이 논문에서 우리가 아동과 하는 작업의 핵심 내용을 정확히 담아내고 있다.

Faber, A., & Mazlish, E. (1992). *How to talk so kids will listen and listen so kids will talk*. New York: Avon.

여행 안내 정보 : 비록 이 교재가 나온 지 20년이 되었지만 우리는 여전히 학교상담자들, 학교심리학자들, 그리고 부모들에게 이 책을 추천하고 있다.

Van Velsor, P. (2004). Revisiting basic counseling skills with children. *Journal of Counseling and Development, 82,* 313–318.

여행 3

상담 출발

고급 촉진기술

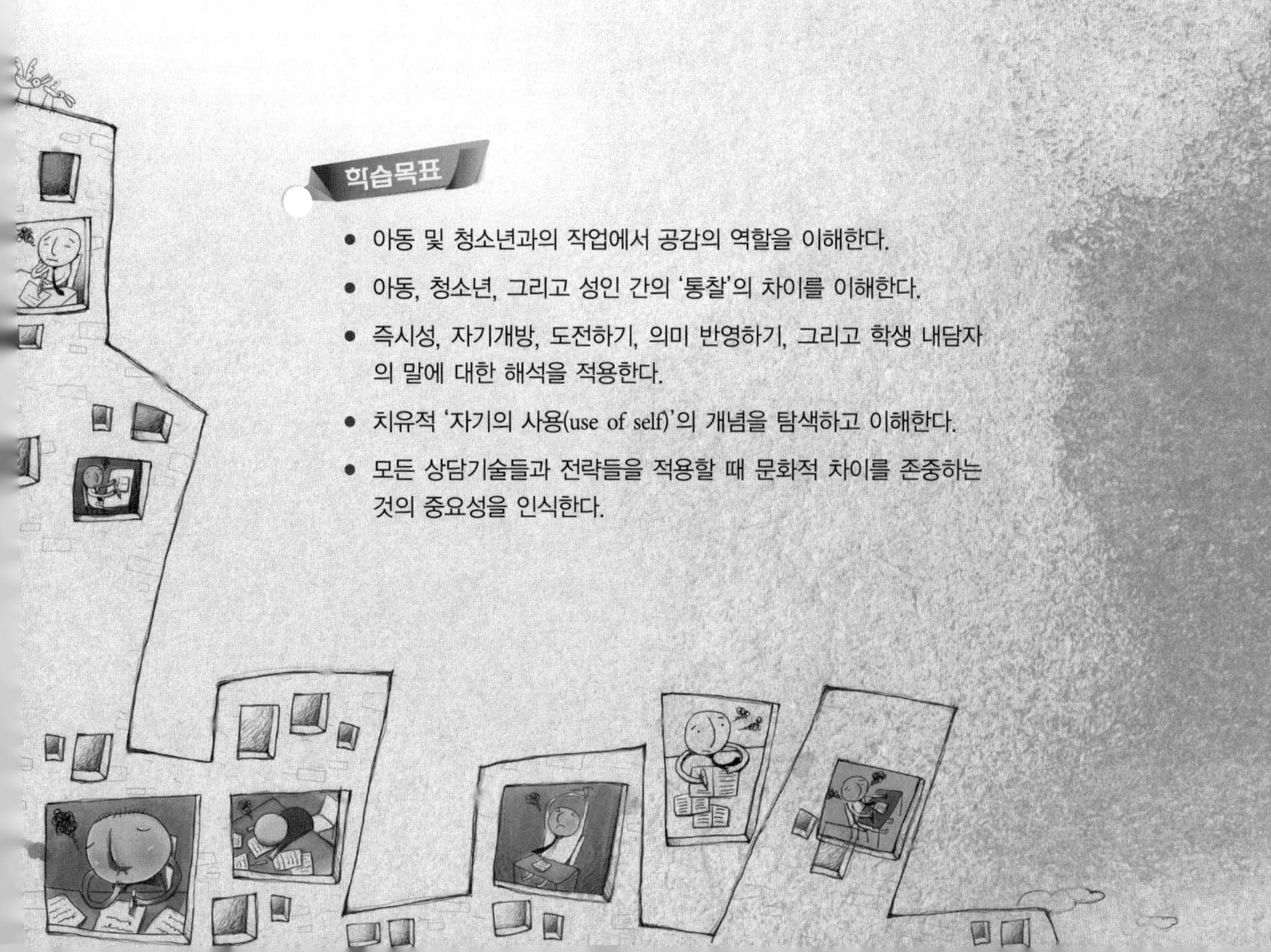

학습목표

- 아동 및 청소년과의 작업에서 공감의 역할을 이해한다.
- 아동, 청소년, 그리고 성인 간의 '통찰'의 차이를 이해한다.
- 즉시성, 자기개방, 도전하기, 의미 반영하기, 그리고 학생 내담자의 말에 대한 해석을 적용한다.
- 치유적 '자기의 사용(use of self)'의 개념을 탐색하고 이해한다.
- 모든 상담기술들과 전략들을 적용할 때 문화적 차이를 존중하는 것의 중요성을 인식한다.

여행 안내 정보 : 당신의 세 번째 여행에 대한 안내로서 우리는 우리가 하는 작업에서 사용되는 공감에 대한 고찰과 그 중요성을 제시하였다. 우리가 고급기술들을 여기에 소개함에 따라 당신은 10학년 학생인 제롬과 익숙해 질 것이다. 제롬은 선생님들, 여자친구, 코치 모두가 그에게 관심을 집중하여 좌절해 있다. 당신은 아프리카계 미국인 고등학생 잠시 만나게 될 것이다. 6학년인 질은 자신의 성적에 대해 걱정하고 있으며 자신이 합격하지 못한다면 어떻게 될지에 대해 걱정하고 있다. 고등학생인 루스는 그녀의 부모에 대해 양가적인 감정을 가지고 있고 그들과의 관계에서 문제를 겪고 있다. 9학년 남학생인 리카르도는 여자친구와의 관계 문제로 괴로워하고 있다. 졸업반 학생인 조세는 심적으로 괴롭히는 친구를 상대하고 있다. 치첸은 SAT 결과가 그가 선택한 대학 입학 기준에 미치지 못하여 자포자기감과 수치스러움을 느끼고 있다. 우리는 상담 전문가들의 개인적 자질과 그 자질들이 어떻게 전문가 자신 및 그들이 작업하는 학생들 간의 관계를 증진시키기 위해 진정성, 존중, 공감을 발휘하도록 하는지에 관해 논의하면서 이 여행을 마칠 것이다.

앞의 여행에서 말했듯이 우리의 준비 활동들은 당신이 전문가로서의 여정을 통해 사용하게 될 개념과 기술로 이어진다. 순서와 명칭, 응용 등은 임의적으로 적용되었다. 도움이 되는 관계 쌓기의 경험을 하면 할수록 당신은 학생 내담자들이 더 깊은 수준에서 주제를 탐색할 준비가 되어 있는 시점을 인식하게 될 것이며, 역으로 당신이 관계 쌓기로 돌아갈 필요가 있는 시점도 알게 될 것이다. 어떤 기술을 어느 시점에서 어느 학생에게 사용할지를 가늠하고 결정하는 것은 상담의 예술적 측면이다. 이 기술들을 적절하게 사용하기 위한 기반이 되는 필수 조건들 가운데 하나는 전문가가 학생과 공감할 수 있는 능력이다. 다음에 제시되는 공감에 관한 고찰은 '여행 3'을 위한 안내로서 제공하는 것이다.

공감 : 이론 및 연구

공감(empathy)은 우선 어떤 사람의 생각과 감정을 정확하게 이해하고, 나아가 이해받고 싶은 감정을 가진 상대방을 돕는 방식으로 우리의 이해를 전달하는 능력이다. 공감은 우리가 하는 작업에서 필수적인 요소이며 학생과 성인들이 세계를 어떻게 지각하고 있는지 이해하려는 우리의 노력들을 나타낸다. 다른 몇 가지 기술들과 더불어 이 기술은 아주 간단해 보인다. 상담자 교육을 하는 한 친구가 언젠가 말했듯이 "공감. 이것은 아주 기초적인 기술이다. 동시에 이것은 매우 고급기술이기도 하다."

Carl Rogers(1980)의 저서는 예비전문가들이 공감의 과정을 이해하는 것을 돕는 자료로 잘 알려져 있다.

> 자기 이외의 또 다른 사람과 함께 있는 공감의 방법은 여러 측면들을 포함한다. 그것은 상대방의 사적 지각의 세계로 들어감을 의미하는 동시에 그 속에서 완전히 편안한 상태가 되는 것을 의미한다. 그것은 상대방에게서 흐르는 변화하는 감정의 의미들에 대해, 또 상대방이 경험하고 있는 두려움이나 분노, 연약함이나 혼란, 다른 무엇에 대해 매 순간 민감해지는 것을 포함한다. 그것은 판단을 내리지 않고 섬세하게 타인의 삶 속으로 이동하여 일시적으로 그 속에서 사는 것을 의미한다. 즉 그것은 상대방이 거의 의식하지 못하는 의미들을 감지하는 것이지만, 완전히 무의식적인 감정들을 밝혀내려고 하는 것은 아니다. 그렇게 밝혀내려는 태도는 너무나 위협적일 수 있기 때문이다. (p. 142)

공감 및 효과적인 변화를 이끄는 과정에서 공감이 하는 역할은 다양한 연구자들에 의해 광범위하게 연구되어 왔다(예 : Greenberg, Watson, Elliott, & Bohart, 2001). 공감 및 결과와 관련된 190편의 연구들의 포괄적인 메타분석을 통해, Greenberg와 그의 동료들은 공감이 성공적인 상담의 주요 요소이며 성공은 내담자가 그의 치료자에 의해 이해받고 있음을 느끼는 정도와 관련이 있다고 결론지었다. 그들은 다음과 같이 공감의 포괄적인 특성을 강조했다.

> 특정한 반응들을 넘어, 공감적인 치료자들의 주요 과제는 내담자의 말보다는 내담자의 경험을 이해하는 것이다. 진정한 공감적 치료자들은 내담자들의 말을 앵무새처럼 되풀이하거나 말의 내용을 그저 반영하지 않는다. 그 대신 그들은 순간순간의 명시적인 혹은 암묵적인 경험은 물론 전반적인 목표들을 이해한다. 공감은 부분적으로 사람들이 하는 말의 뉘앙스와 함의를 포착하는 것과 이것을 그 사람들이 숙려해 보도록 돕기 위해 다시 반영해 주는 일을 수반한다. (p. 383)

공감에 관해 집필된 자료들의 대부분은 성인과 관련된 것들이다. 아동 및 청소년들을 대상으로 진행하는 우리들의 작업과 관련하여 공감이 어떤 역할을 하는지에 대해서는 상대적으로 덜 알려졌다. 그러나 당신이 학생들의 세계관에 대해 정확하게 이해하는 것은 이 여행에서 제시된 고급기술들을 당신이 효과적으로 사용할 수 있도록 해줄 것이다.

즉시성, 자기개방, 도전하기, 의미 반영하기, 그리고 해석을 통해 학교상담자들과 학교심리학자들은 학생들이 통찰을 발달시킬 수 있도록 도와 준다(Hill, 2004). 학생들이 통찰을 얻게 됨에 따라 그들은 새로운 관점에서 상황들 또는 사건들에 대해 생각할 수 있게 되고, 관련짓게 되며, 나아가 그것들이 그들의 경우처럼 일어나는 이유를 이해할 수 있게 된다(Elliott 등, 1994).

비록 어떤 사람들은 아동에 대해 성인들이 하는 것과 같은 방식으로 통찰(력)을 발달시키지 못한다고 주장할지라도, 전문가는 가장 어린 학생들조차도 대안적 관점들을 이해할 수 있게 할 수 있다. 청소년들이 자신의 행동과 다른 사람들의 행동에 대한 통찰(력)을 갖게 됨에 따라 자신의 행동에 대한 책임감을 갖고 긍정적인 변화를 향해 나아가는 준비를 하게 된다. 전문가들은 고급기술들을 연마함에 따라 핵심적 메시지를 반영할 수 있게 되고 학생 내담자의 전체적 경험에 관한 이해를 전달할 수 있게 된다. 비록 별도로 제시되었지만 이 다양한 기술들은 서로 보완적으로 작용한다. 그 과정은 많은 면에서 오케스트라의 한 멤버가 혼자서는 할 수 없으며 오케스트라의 여러 부분들이 조화로운 화음을 만들어내는 것과 같다.

당신은 분명히 수업에서 공감과 공감적 이해에 대해 배워 왔다. 이것이 당신에게 어떤 의미가 있는가? 당신은 이것을 다른 사람에게 어떻게 설명하겠는가? 언제 공감을 해야 할 지를 어떻게 알 수 있나?

즉시성

즉시성(immediacy)은 좀 더 혼동되거나 추상적인 상담기술 가운데 하나일 것이다. 동시에 이 기술은 매우 강력한 힘을 갖는다. Gladding(2006)은 즉시성을 '상담자가 내담자와 그들의 관계 및 현재의 상호작용을 논의하는 능력'이라고 정의 내렸다. 즉, '상담자가 상담 회기에서 방금 발생한 무엇인가에 대해 보이는 반응'이라고 정의했다(p. 72). 즉시성은 때로 돕는 관계에 대한 코멘트나 대화이다. 이 기술은 다음과 같은 초대의 말로 시작할 수 있다. "우리는 4주 동안 함께 작업해 왔습니다. 나는 당신이 우리와 함께 작업하고 있는 방식에 대해 기꺼이 대화를 나눌 마음이 있는지 궁금하군요."

다른 즉시성 반응들은 한 회기에서의 어떤 사건이나 시간에 관한 구체적인 것이다. 예를 들면 다음과 같다. "나는 방금 무언가가 일어났다고 느껴집니다. 몇 분 전에는 우리가 무언가 중요한 것에 대해 마음이 잘 통하는 대화를 나눈 것같이 느껴졌어요. 그런데 갑자기 당신과 단절된 것 같은 느낌이 들었어요." 어떤 주제에 대해 대화를 나누는 동안 아동들의 얼굴 표정이나 행동들을 알아채는 것과 같은 구체적인 기술어(記述語)는 즉시성의 효과를 높일 수 있다. 예컨대 어떤 학교심리학자는 다음과 같이 말할지도 모른다. "내가 휴식시간이라고 했을 때 너의 얼굴이 정말로 슬퍼 보이는 것을 알아차렸다. 너는 수업시간에 밖으로 나가는 것이 그리 재미있지 않고, 오히려 여기에 있는 것이 더 나은 것 같아 보이는구나."

여행 안내 정보 : 다음의 대화에서는 학교심리학자가 제롬의 상황, 제롬과 학교심리학자와의 상호작용에 대한 **메타-의사소통**(의사소통에 대해 의사소통하는 것)을 한다.

제롬 : 어찌 해야 할지 모르겠어요. 여자친구는 나에게 화가 나 있어요. 엄마도 나에게 화가 나 있어요. 몇몇 선생님들도 저에게 관심을 집중하고요. 팀에 대해서 더 이상 신경 쓰지 못하고 있어요. 그렇지만 상관없어요.

학교심리학자 : 여러 가지 일들에 대해 낙심하고 있는 것 같구나. 중요한 사람들이 너에게 화가 나 있고, 축구는 네가 늘 중요하게 생각해 온 것 같구나.

제롬 : 샹텔은 내게 항상 기분 변화가 심하대요. 그 애는 내게 힘내도록 응원하는 데 지쳐 있어요. 엄마는 내 성격이 더럽데요. 스펠 선생님은 내가 수업시간에 부루퉁해 있다면서 나를 갈구고요. 저는 그냥 지쳤어요. 너무 연습을 오래 해서요.

학교심리학자 : 너는 지금은 좌절감과 함께 행복하지 않다고 느끼는 것 같구나. 또 너에게 관심을 가지고 무슨 일이 있는지 알아보려는 여러 사람들에 대해 지쳐있는 것 같아 보이는구나.

제롬 : 그들은 그저 시끄러운 존재들일 뿐이에요. 그들은 내가 늘 행복하기를 바라고 있어요. 왜 나를 있는 그대로 가만히 놔두지 않은 거죠?

학교심리학자 : 모두가 너를 성원하고 있는 것 같구나. 그렇기 때문에 앤더슨 선생님이 너를 내게 보내신 거지. 너에게 미소를 짓게 하고 행복해

지게 만들고 싶어 하는 다른 사람과 함께 앉아 있는 것이 네가 가장 원하지 않는 일이라는 생각이 드네.

제롬 : 상관없어요. 그건 나에게는 아무것도 아니에요.

학교심리학자 : 알겠다. 하지만 나는 무언가가 너를 상당히 괴롭히고 있다는 느낌이 드는구나.

제롬 : 아. 나는 괜찮아요. 앞으로 어떤 일이든 잘 해낼 수 있어요. 그저 사람들이 내 일에 손 떼면 좋겠어요.

학교심리학자 : 나에겐 이 시간이 좀 힘들 수도 있겠다. 나도 모르게 너의 일에 간섭할 수도 있고 염려가 되기도 해. 내가 간섭하고 있다는 것을 알지도 못할 수도 있잖아. 그래서 나는 네가 간섭받는다는 느낌이 들 때 알려 주면 좋겠다. 그래야 내가 너를 짜증 나게 만들기 시작했다는 것을 알 테니까.

제롬 : 아. 선생님은 아니에요.

학교심리학자 : 좋아. 그럼 상황이 어떻게 된 건지 함께 생각해 보자꾸나. 네가 앞에서 말했던 이야기로 돌아가 보자. 나는 네가 축구를 얼마나 많이 좋아하는지 알고 있고, 또 네가 더 이상 축구팀에 대해 신경 쓰지 않는다고 말했기 때문에 좀 혼동이 된다. 그러고 나서 너는 그 점에 대해 다시 말하지 않았지. 내 직감으로는 네가 팀과 관련된 무언가 때문에 속상한 일이 있었던 것으로 여겨지는데.

제롬 : 그것은 이제 나에게 별일이 아니에요. 그것은 다른 사람들에게나 큰일일 뿐이에요.

학교심리학자 : 음, 지금 그 말을 하는 너의 얼굴이 슬퍼 보이는구나.

학교상담자와 학교심리학자는 다양한 연령집단, 다양한 인종집단, 다양한 사회경제적 지위를 가진 집단, 다양한 종교 등에 속한 사람들과 작업을 한다. 즉시성은 이와 같은 차이들을 이어주고 오해를 감소시켜 주는 데 도움이 될 수 있다. 문화적 차이의 맥락에서 이루어지는 진술들에는 다음과 같은 표현이 포함될 수 있다. "그것은 너에게 매우 중요한 것 같은데, 나는 그것이 너에게 무슨 의미가 있는지를 알고 싶구나. 내가 너를 이해하게 좀 더 설명해 줄 수 있니?" 즉시성을 표현하는 또 다른 일반적인 진술의 예를 들면 다음과 같다. "내가 방금 너에게 한 말이 잘 전해지지 않았다는 것을 느꼈다."

다른 상담기술들 및 중재들과 마찬가지로 즉시성을 사용할 때 고려해야 할 많은 요소들이 있다. 예를 들면 전문가들은 타이밍, 그 관계의 특성, 그리고 그들의 목적 등을 고려해야만 한다. 즉시성은 큰 영향을 미칠 수 있다. 동시에 학생과 성인들을 두렵게 만들 수도 있다. 개방(disclosure)과 마찬가지로 즉시성은 돕고자 하는 바람이 아니라 전문가의 욕구에서 나온 것일 수 있다. 또한 즉시성과 개방은 자기개방과 함께 사용될 수 있는데 이 점에 대해서는 다음에서 논의된다.

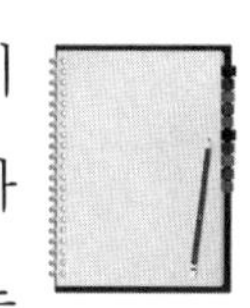

최근에 당신이 '정신적으로 균형을 잃은' 것처럼 느꼈거나 누군가로부터 혼합된 메시지를 받는다고 생각되었던 상황에 대해 생각해 보자. 마음속으로 그런 상황을 가정하며 관계와 존중을 손상시키지 않으면서 당신 입장에서의 즉시성을 정확하게 나타내는 진술을 작성해 보라.

____

____

____

____

자기개방

자기개방(self-disclosure)은 '치료자가 상담관계 밖 자신의 삶에 관한 정보를 나누는 의식적이고 의도적인 기술'이다(Gladding, 2006, p. 128). 자기개방은 전문가들이 학생들에 대한 이해를 전달하는 데 도움을 줄 수 있다. 그 이유는 자기개방을 통해 경험이나 감정을 나눌 수 있기 때문이다. 다른 기술들과 함께 다양한 수준에서 사용할 수 있다. "나도 오늘 그 카페테리아에서 점심을 먹었어."와 같은 식의 개방은 아주 평범한 수준이다. 또 다른 극단적인 예는 "내가 네 나이였을 때 나도 남자친구와 섹스를 했단다."와 같은 상당히 개인적이고, 강렬하며, 부적절한 개방이 있을 수 있다. 타이밍, 라포 수준과 같은 여러 요소들은 자기개방의 결과에 영향을 미친다. 따라서 전문가들은 자기개방을 지침에 따라 주의 깊게 사용하는 것이 필요하다. 자기개방 사용에 관한 지침에는 다음과 같은 것들이 포함된다.

- 내용은 학생들의 연령에 맞는 것이어야 한다.
- 개방은 그 학생이 적절하다고 지각하는 것이어야 한다(Welch & Gonzalez, 1999).
- 의도는 학생 내담자의 자기이해와 변화를 촉진하는 데 있다(Welch & Gonzalez, 1999).
- 개방은 간략해야 한다(Welch & Gonzalez, 1999).
- 개방은 전문가의 욕구나 바람을 충족시키기보다는 어떤 식으로든 학생에게 도움이 되는 것이어야 한다.
- 개방은 비교적 적은 빈도로 사용되어야 한다. 이 방법을 너무 드물게 사용하여 발생하는 손실은 너무 자주 사용하는 것보다 낫다.

일부 아동과 청소년에게 있어서 다른 누군가가 그들과 비슷한 어떤 경험을 했다는 생각은 일종의 놀라움으로 다가올 수 있다. 적절한 시점에서 사용된 자기개방은 학생들이 이해받고 있다고 느끼도록 도와준다. 동시에 전문가와의 관계가 더 깊어지도록 도울 수 있고, 그 주제에 대한 자신의 생각을 명료화하도록 도울 수 있으며, 나아가 그들의 경험을 정상화하도록 도와줄 수 있다.

한 회기 동안 나는 예비 학교심리학자가 10살 소년과 이야기 나누는 것을 관찰한 적이 있다. 그들이 나눈 이야기는 부모가 이혼하고 그의 아버지가 이따금 방문하는 것이 어떤지에 관한 것이었다. 그 아동은 불편해 보였고 훈련을 받는 중인 예비 학교심리학자가 이 주제를 탐색하려고 하자 주제를 바꾸려고 했다. 예비 학교심리학자가 자신의 부모가 이혼한 후에 여름 동안에만 아버지를 만날 수 있었던 때와 비슷하다는 회상을 이야기하자 그 회기의 분위기는 극적으로 바뀌었다. 학생 내담자는 훨씬 더 개방적으로 변했고 그 예비 학교심리학자와의 라포는 더 깊어졌다.

효과적인 전문가는 청소년들에게 개방할 때 주의를 기울인다. 어떤 청소년들은 자신들의 경험이 특별한 것이라고 믿는다. 반면에 치료자의 개방은 경우에 따라서 학생들이 겪는 문제가 무시된 느낌이나 저평가 받는 느낌을 갖게 만들 수도 있다. 유사함에 대한 부정확한 가정에 기초하여 이루어지는 자기개방도 역효과를 낳을 수 있다.

또한 전문가는 학생 내담자가 사적인 질문을 할 때 주의 깊게 개방을 사용해야 한다. 아동들이나 부모들이 "선생님은 자녀가 있나요?" 또는 "몇 살이신가요?"라고 묻는 것은 아주 흔한 질문이다. 앞서 소개한 많은 지침서들은 가능하면 화제의 초점을 학생 내담자나 부모에게로 돌리는 것을 권하는 내용을 소개하고 있다. 리카르도와 학교상담자인 이안 간에 이루어지는 다음의 상호작용에서 묘사되고 있듯이 반영과 함께 그 반응을 짝지어 사용하면 더 효과적일 수 있다.

리카르도, 9학년 : 난 화가 나요. 선생님은 여자친구와의 관계가 깨지고 나서 그 여자친구가 선생님의 제일 친한 친구와 데이트를 하는 것을 경험해 보셨어요?

이안 : 너는 여자친구와의 관계가 깨져서 마음에 상처를 입었구나. 게다가 네 여자친구와 네 친구가 너를 배반해서 특히 더 화가 나는구나.

리카르도 : 그래요. 선생님이라면 화 안 나겠어요?

이안 : 나라도 화가 나고 상처 입을 거야. 거기다 나라면 여러 가지 다른 감정들도 느낄 것 같구나. 당황하고 굴욕적인 그런 감정들 말이야. 그런 감정들이 너의 경우에도 들어맞는지는 모르겠지만.

이안이 다음 상호작용에서 부가적인 자기개방을 하지 않으면서 어떻게 리카르도의 다음 질문에 반응하는지를 주목하라.

리카르도 : 나는 내가 어찌해야 할지 정말 모르겠어요. 선생님은 어떻게 생각하세요?

이안 : 너는 뭔가 꽉 막힌 느낌이구나. 그리고 누군가 너에게 답을 제시해 주었으면 하고 바라는구나. 나는 네 여자친구가 마음을 바꾸기를 바라. 그리고 그렇게 될 수 있는 방법들이 있다면 그 방법을 너에게 말해 주고 싶구나.

물론 여러분이 볼 수 있는 바와 같이 리카르도의 질문은 자신의 경험과 절박함에 대한 표현이다. 이안은 자신의 과거 경험을 개방하여 그 회기의 초점을 자신에게 돌릴 수도 있을 것이고 리카르도에게 자신이 생각하는 제안을 할 수도 있을 것이다. 십중팔구 그중의 어느 것도 실제로 도움이 되지 않을 것이다. 게다가 리카르도에게 다시 초점을 맞추기가 더 어려워질 것이다.

여행 안내 정보 : 스펜서와의 다음의 대화 내용에서 몇 가지 차이들을 드러내기 위해 어떻게 학교상담자가 즉시성과 자기개방을 사용하는지 주목하라.

학교상담자 : 스펜서, 내가 생각해 봤는데 네가 고등학교에 들어온 이래 우리가 서로 만난 지 3년이 되었구나. 우리가 서로를 알아 온 그 시간 동안 우리는 여러 가지 이유로 대화를 하다가 말다가 해 왔어. 서로 닮은 점에 대해서 이야기를 했지만 몇 가지 서로 다른 점에 대해서는 이야기를 하지 않은 것 같아. 내가 여자이고 너보다 나이가 제법 많다는 것은 사실이야. 또 나는 라틴계이고 너는 아프리카계 미국인이지. 때로 나는 내가 의도한 바와는 다르게 어떤 것을 의미하는 말이나 행동을 너에게 했는지 걱정이 되기도 해.

스펜서 : 무슨 말씀이시죠?

학교상담자 : 음, 예를 들면 몇 분 전에 네가 네 여자친구에 대해 말했잖아, 네가 대학에 가는 문제로 걱정이 되고 또 그 일이 네 여자친구에게 어떻게 영향을 미칠지도 걱정했고. 나는 네가 그 말을 할 때 미소를 지었고 우리는 얼른 다른 주제에 대해 이야기를 했어. 나는 내가 미소를 지은 것이 너에게 의미하는 바가 무엇이었는지 알고 싶구나. 나에게 너의 염려는 중요하지 않다는 의미로 네가 받아들인 것은 아닌지 알고 싶어. 말하자면 내가 할머니 같은 태도로 '그런 바보 같은 일로 걱정하지 말라'는 의미로 받아들인 건지 알고 싶어.

스펜서 : 그걸 그런 식으로 생각하지는 않았어요. 나는 그 문제를 내놓는 게 좀 쑥스러웠어요. 어쩌면 그게 선생님에게는 중요하지 않은

문제라고 생각했는지도 모르겠어요.

학교상담자 : 생각해 줘서 고맙다, 스펜서. 나는 네가 네 여자친구에 대해 배려하는 말에 감동을 받았단다. 그래서 그렇게 미소를 지은 거야.

당신이 하게 될 상담 회기에서 자기개방을 하는 경우를 생각한다면 어떤 주제가 당신을 불편하게 할까?

당신이 어떤 관계에서 어떤 것을 개방하고 난 후에 그 개방한 것에 대해 후회를 한 경우를 생각해 보라.

당신은 자기개방을 너무 많이 하는 편인가, 아니면 너무 적게 하는 편인가?

당신이 최근에 어떤 사람과 약간(사소한) 갈등이 있었던 때를 생각해 보라. 그리고 마음속으로 그 상황에 대해 생각하면서 상대방과 나를 존중하고 관계를 손상하지 않으면서 당신의 경험을 정확히 개방하는 말을 아래에 써 보라.

도전하기

도전하기(challenging)란 때로 직면이라고도 불리는데, 같아야 할 것들이 차이(불일치 혹은 모순)를 보일 때 이를 분명히 해 주고 해결을 격려하는 반응이다. 예를 들어 당신은 말과 얼굴 표정, 알려진 가치와 행동, 언급된 목표 및 욕구와 행동 혹은 학생이 말하는 것과 행동 간에 보이는 불일치를 알아차리게 될 때가 있을 것이다. 내담자가 보이는 이러한 불일치 영역에 전문가가 보이는 적절한 반응에는 다음과 같은 것들이 있다.

- 너는 네가 아주 즐겁고 모든 것이 잘 되어 가고 있다고 말하지만, 그럼에도 네 얼굴은 슬퍼 보이고 네 눈은 울고 있었던 것같이 빨갛구나.
- 네 말은 "괜찮아요."지만 너는 주먹을 움켜쥐었고 목소리는 크고 확고하구나. 그건 "나는 화났어요."라고 말하는 것 같네.
- 너는 네가 아주 수줍어 해서 누군가를 처음 만날 때는 정말로 어색하다고 말했어. 그런데 오늘 내가 너를 만나 보니 그 말이 흥미롭구나. 나는 네가 외향적이고 자신만만한 아이라는 경험을 했단다.
- 너는 농구팀을 만들기 위해 네가 할 수 있는 것은 다 하고 싶다고 했잖아. 그런데

이번 주에는 남자친구와 매일 밤 데이트를 해야 해서 농구 연습을 할 시간이 없다고 말하네. 그건 앞에서 네가 한 말과 맞지 않는 것 같구나.

- 나는 너와 점검하고 싶은 것이 있어. 네가 말한 이 관계에 있어서 많은 의문의 여지가 있는 것 같구나. 그런데도 너는 케이 주변에 있으려고 여러 가지 방법들을 찾아내기 위해 애쓰는구나.
- 나는 이틀 후 우리가 다시 만나게 될 때까지 너에게 이 문제를 진지하게 생각해 보라고 권하고 싶다. 너는 의사가 되고 싶다고 했어. 그러면서도 아픈 사람들 옆에 있는 것은 좋아하지 않는다고 말했어. 그리고 네가 피를 보게 되면 배가 아픈 것같이 느낀다고도 하고. 게다가 너는 과학을 좋아하지도 않고 삶을 꾸려나가기 시작하는 것에 대해 정말로 걱정하고 있어.

도전하기는 전문가로서 우리의 작업 중 중요한 부분이다. 그러나 우리는 학생 내담자들이 수용할 수 있되 방어로써 정상적으로 행동하지 못하게 막지는 않을 메시지와 표현들을 사용하여 도전할 필요가 있다. 또한 우리는 언어로 표현되지 않을 수도 있는 그들의 반응에 민감해야 한다. 학생들은 자주 징계 조치나 성인이 주는 재교육, 학교에서의 평가에 부딪치므로 학교상담자와 학교심리학자는 처벌적이거나 판단하지 않으면서 도전이 이루어지도록 해야 한다.

효과적인 도전은 확고한 작업관계, 적절한 타이밍, 사려 깊은 언어를 바탕으로 이루어져야 한다. 또 효과적인 전문가는 언어적 의사소통과 비언어적 의사소통 간에 일치를 보여주는 모델이며 특히 도전하기를 할 때 일치하는 모습을 보여 주는 모델이다. 전문가들은 적극적으로 그들의 도전에 대한 학생들의 반응에 주의집중을 하고 그에 따라 반응한다.

여행 안내 정보 : 다음의 주고받는 대화에서, 학교상담자는 내용과 의미에 대한 반영과 함께 균형을 맞추어 도전하기를 한다. 이 학교상담자는 또한 도전에 대한 질의 수용 정도를 가늠한다.

질 : 저는 시험에 통과해야만 해요! 그건 두려운 일이에요. 저는 필요한 건 뭐든지 할 거예요. 그래서 7학년으로 갈 거예요.

학교상담자 : 그 말은 네가 통과하지 못할까 봐 걱정하는 말 같구나. 그리고 너는 필사적인 것 같고.

질 : 저는 걱정하지 않아요. 왜냐하면 반드시 해야만 하니까 내가 통과하리라는 걸 알기 때문이죠.

학교상담자 : 너는 시험에 통과하는 것이 너무 중요해서 해야 할 필요가 있는 것을 해낼 거라고 확신하는구나. (침묵) … 난 좀 혼란스럽다. 어쩌면 오늘 네가 나에게 오도록 촉발한 일이 무엇이었는지에 대해 더 말했다면 도움이 될 거 같아. 또 그게 너에게 통과하는 것이 얼마나 중요한지를 설명해 줄 것 같고.

질 : 저는 젤리안 선생님과 이야기를 했어요. 선생님은 내가 너무 수업에 많이 빠져서 성적에 문제가 있다고 말씀하셨어요.

학교상담자 : 지금 너는 수업에 정규적으로 가지 않아서 통과하지 못하게 될 것을 걱정하고 있구나.

질 : 저는 그 선생님 수업에 가는 일에 시간을 쓰지 않았어요. 뭐가 뭔지 모르는 것을 배우느라 수업을 받을 필요가 없어요. 저는 그 선생님의 바보 같은 수업을 듣느라 지루해서 죽을 지경이 되지 않아도 그 시험에 통과할 수 있어요.

학교상담자 : 너는 그 수업을 좋아하지 않는구나. 그런데 너는 네가 그 수업에 가지 않고도 시험에 통과할 수 있다고 확신하고 있어. 나는 그저 앞뒤가 맞지 않아 보이는 것을 언급하고 싶을 뿐이야. 너는 처음 여기에 들어왔을 때 네가 그 시험에 통과하기 위해서는 뭐든지 해서 7학년으로 가겠다고 했어. 그런데도 그 말은 네가 수업에 기꺼이 갈 것같이 안 들리는구나.

도전하기의 목적을 기억하는 것이 중요하다. 불일치가 명료해짐에 따라 알아차림은 증가한다. 개인적인 불일치에 대한 알아차림은 변화를 촉진할 수 있다. 도전하기는 학생들의 자기 알아차림, 즉 Gladding이 정의한 바에 따르면 '여러 다양한 수준에서 한 사람에게 영향을 미칠 사고, 정서, 감각, 행동을 인식하는 지속적인 삶의 과정'을 증가하게 만드는 것으로 은유적으로 말하면 자신을 비춰주는 거울을 잡고 있는 또 다른 방식이다 (2006, p. 128).

당신이 관심을 두는 어느 젊은이에 대해 생각해 보라. 어쩌면 아들이거나 딸이거나 조카이거나 친구의 자녀일 수도 있을 것이다. 그 젊은이가 어떤 식으로든 당신이 생각하기에 자기 패배적인 행동을 한다고 상상해 보라. 마음속으로 그 상황을 생각하면서 존중과 관계를 손상하지 않을 도전적인 말을 아래 적어 보라.

___

___

___

___

해석

해석(interpretation)은 때로 수염이 있고 파이프 담배를 피우는 분석자가 모든 사고와 행위를 '해석'하는 동안 긴 의자 위에 누워 있는 심상을 불러 일으키는 부정적 용어로 생각된다. 우리는 그 용어를 한 주제를 이해하고 새로운 방식을 가져오는 과정을 반영하는, 보다 광의의 방식으로 사용한다. 이러한 유형의 중재는 학생 내담자가 겉으로 언급한 것을 넘어서 행동, 사고, 감정에 대한 새로운 의미, 이유나 설명을 도입하여 내담자가 새로운 방식으로 문제를 볼 수 있도록 해 준다(Hill, 2004, p. 245). 해석은 여러 가지 형태를 취할 수 있고 다음과 같은 것을 포함한다.

- 관련된 것으로 보이지 않는 말이나 사건들 간의 연결 만들기(예 : "너는 가정과 학교 그리고 친구들로부터 얼마나 많이 압력을 느껴 왔는지 나와 나누었어. 그런데 그것이 네가 케네디 선생님에게 불같이 화를 냈던 오늘의 일과 어떻게 연결되는지 궁금하구나.")
- 학생의 행동, 사고, 감정에서의 주제나 패턴 지적하기(예 : "사람들이 너에게 해야 할 일을 말하려 할 때 너는 많이 화가 나는 것 같구나. 너의 의붓아버지나 선생님들, 심지어는 너의 친구들 같은 사람들 말이야. 나는 사람들이 너에게 무얼 하라고 말할 때 그것이 너에게 무슨 의미로 받아들여지는지 궁금하다.")
- 행동, 사고, 감정, 문제들을 이해하는 새로운 틀 제공하기(예 : "너는 부모님이 뭐라고 생각하든 신경 쓰지 않는다고 말했지만, 네가 그 사람들의 주의를 끌려고 정말로 노력을 한 상황들에 대해서 이제까지 나에게 많이 말해 왔었다.")

해석을 한 후에 음미할 시간을 주라. 침묵은 당신과 학생 내담자가 다음에 어디로 갈지를 결정하도록 하는 효과적인 도구이다.

해석을 하기 전에 전문가는 라포가 형성되었는지를 확인해야만 한다. 더 나아가서 전문가는 학생 내담자가 보다 깊은 수준에서 자신들을 바라볼 준비가 되었다는 신호를 지켜볼 필요가 있다.

11학년생인 루스의 예를 보자. 그녀는 "나는 왜 우리 부모님께 그렇게 화가 나는지 모르겠어요. 나는 그 분들이 나를 보살피고 보호하려고 애쓸 뿐이라는 것을 아는데 말이에요. 너무 화가 나서 나중에는 후회할 끔찍한 말로 끝내게 돼요."라며 울고 있었다. 이 경우 루스는 자신의 반응을 좀 더 이해하고 싶은 욕구를 분명히 말하고 있고 자신의 현재 반응들에 대해 절망하고 있다. 전문가의 반응은 다음과 같을 것이다. "너는 부모님께 화가 나게 될 때 죄의식을 느끼는구나. 그리고 너는 왜 그 분들에게 그렇게 화가 나는지 알아내려고 애쓰는구나. 그 이유를 알아낼 수 있다면 너는 그 패턴을 바꾸는 방법도 찾을 수 있을 거야."

다른 학생 내담자의 경우 해석이 들어맞지 않을 수도 있다. 그런 학생들은 먼저 그런 행동이 일어나는 이유를 알기보다는 자신의 행동을 변화시키는 방법을 알고 싶어 할 수도 있다.

해석은 부드럽고 조심스럽게 전달되어야 하고 전문가는 해석하는 말에 대한 학생 내담자의 반응에 주의를 기울여야 한다(Hell, 2004). 더욱이 해석은 어떤 한 회기에서 드물게 사용되어야 하는 또 다른 기술이다. 아래의 예는 해석에 대한 다른 구성 방식과 수준을 제공한다.

조세, 12학년 : 나는 아트로가 미워요. 오늘도 내가 종소리를 기다리며 밖에 있을 때 그 애가 나를 쑤셔대기 시작했어요. 나에 대해 빈정거려요. 가끔 그 애가 괜찮기도 하지만 그때는 걔가 저에게 이런 말을 만들어 이야기했어요. "나 저번에 줄리아가 로베르토와 함께 있는 거 봤다." 줄리아가 나와 깨졌다는 거를 알면서 그 말을 하는 거예요. 그 애는 또 내가 초대받지 못한 파티에 대해 말해요. 늘 그런 식이에요. 그래서 그 애에게 매우 화가 났죠. 그 애를 때리고 싶어요. 그런 일이 있었을 때 늘 그렇듯이 한 선생님이 우리에게 다가왔고 바로 그 일이 있었어요. 그래서 나는 문제 있는 사람이 된 거죠.

너는 아트로 주변에 있을 때면 통제력을 잃게 되어 문제에 빠지게 되는구나(조심스럽게).

아트로가 너에게 상처가 되고 힘든 문제를 건드려서 너를 화나게 하는구나(직접적으로).

누군가 네가 상처받았다고 느끼거나 취약한 상황에 대해 말하게 되면 방어적이 되고 통제력을 잃게 되는 거니?(더 직접적으로).

당신이 영화나 비디오, 혹은 텔레비전 프로그램을 볼 때(또는 소설을 읽을 때조차) 해석할 기회를 가져 보라. 그럴듯하게, 당신 생각에 그 대상이 방어할 필요를 느끼지 않고 수용할 수 있을 정도라고 여겨지는 해석을 생각해 보라. 안전하게 스크린이나 인쇄된 종이로 몇 개의 해석을 시도해 보라.

의미 반영하기

개인들을 사건 및 상황들에 배정하는 의미 반영하기(reflecting meaning)는 고급 수준의 공감이다. 우리가 학생 내담자의 지각과 세계관 그리고 그들이 당면한 환경에 더 익숙해질수록 그들이 경험하는 주제와 의미를 더 잘 파악할 수 있다. 예를 들어 고등학교상담자는 다음과 같이 말할지도 모른다. "나는 방금 내가 너와 함께 점검하고 싶은 게 있다는 생각을 했어. 지난 주 너는 토너먼트 경기 동안 자유투구를 한 것에 대해 말했잖아. 그리고 또 네가 몇 가지 시험에서 88점인지 89점을 받았다고 했고. 이번 주에 우리는 네가 희망했던 것보다 약간 낮은 대학 입학 학력고사 점수에 대해 말했지. 내가 이제까지 들어왔던 주제는 1점이나 2점의 점수를 놓친 것과 관련이 있어."

전문가들이 학생 내담자들의 내적인 경험에 대한 그들의 이해를 나누면서 더 깊은 의미가 드러나게 된다. 이 점에 대해 Combs and Gonzalez(1994)는 "어떤 경험이 그 사람에게 의미하는 바에 대해 주의를 집중하는 힘은 모든 도움을 주는 분야에서 효과적인 조력자가 보이는 특성이다."라고 강조했다.

> 사실과 자료라는 언어는 무미건조한 것이다. 그것은 양념이 되지 않은 상태이다. 반면 의미, 정서, 의의라는 언어는 그 사람의 삶에서 드러난 결과에다가 암시라는 후추를 뿌린 것이다. 집중하는 정신치료자는 이야기를 하는 사람의 언어 선택에 귀를 기울인다. 혼란이라는 언어는 극적이고 정서적이며 은유적이고 상징적이다. … 한 정신치료자의 훈련된 귀에 혼란이란 언어는 그 사람이 치료를 받으러 찾아온 알려지지 않은 이유와 연결되어 있다. (p. 35)

문화, 가치, 이전의 경험, 부모의 영향과 다른 역동적 힘이 의미 주변에 집약되어 특정 시간의 어떤 상황에 배정되는 것이다. 그러므로 의미 반영하기는 어려울 수 있다. 의미는 종종 암묵적으로 전달되기 때문에 효과적인 전문가들은 정서의 반영과 촉진적 질문 같은 다른 기본기술에 의지하여 경험과 상황이 그 개인에게 의미하는 바에 대한 통찰을 얻으려 한다. 또 전문가들은 직관과 자신의 경험에 근거하여 추론을 하기도 한다. 당신의 직관을 평가절하하거나 무시하지 말라. 경험이 쌓임에 따라 우리는 당신이 자신이 가진 '감'에 주의를 기울일 것을 희망한다.

여행 안내 정보 : 어떻게 학교상담자가 치첸에게 그의 암묵적인 메시지와 정서를 반영하여 더 깊은 의미 수준을 탐색하도록 초대하는지 주목하라.

치첸 : 나는 그걸 믿을 수가 없어요. 나는 지난밤에서야 내가 대학 학력고사 입학시험의 커트라인 점수에 이르지 못했다는 것을 알았어요. 그래서 나는 CU(미국 대학교 중의 하나–역주)에 갈 수 없을

것 같아요. 거긴 내가 유일하게 가고 싶은 곳이에요. 그리고 내가 응시한 유일한 곳이고요. 그 사람들이 실수를 한 게 틀림없어요. 그렇게 멍청하다니 믿을 수가 없어요! 뭐가 어떻게 됐는지 알아봐야겠어요.

학교상담자 : 너는 이 상황에 대해 화가 났구나. 너는 CU에 너무나 가고 싶었고 거기 아니고는 다른 곳에 갈 가능성을 생각조차 하지도 않았기에 절망하며 궁지에 몰린 느낌이구나.

치첸 : 나는 거기 외에는 절대 어느 곳도 가고 싶지 않아요. 우리 엄마도 CU를 다녔고, 우리 아빠도 CU를 다녔고, 우리 누나도 CU를 다녔어요. 내 친구들도 CU에 있고요. 나는 CU에 가야만 해요.

학교상담자 : CU에 입학하는 것이 너에게만 중요한 게 아니라 너 이외의 다른 많은 사람들에게도 중요한 것같이 들리는구나.

치첸 : 네. 우리 부모님은 내가 CU에 갈 거라 기대하고 있어요. 그건 우리 모두가 하는 거예요.

학교상담자 : 네가 CU에 못 간다면 부모님의 기대를 저버리는 것과 같겠구나.

치첸 : 음, 네. 나는 이 일에 대해서 그 분들에게 말 꺼내는 것조차도 원치 않아요.

학교상담자 : 나는 너와 점검하고 싶은 게 있단다. 네가 여기 처음 들어왔을 때 너는 화가 난 것 같았어. 너는 실수가 있었다고 확신했지. 이제 보니 너는 부모님을 실망시킬 거라 생각해서 더 당황해 보였고 부끄럽게 여긴 것 같구나.

다시 당신이 영화나 비디오 혹은 텔레비전 프로그램을 보거나 소설책을 읽으면서 핵심 의미가 뭔지를 반영할 기회를 가져 보라. 스크린이나 인쇄된 지면이라는 안전지대에서 고급 공감 반응들을 연습해 보라.

고급기술과 연관하여 우리 자신의 도전에 직면하기

예비 학교상담자들과 학교심리학자들은 때로 그들이 내담자에게 들은 말을 넘어서서 반응을 확장시켜야 하면 부정확하게 혹은 내담자의 비위에 거슬리는 반영을 하게 되지 않을까 하는 불안을 표현한다. 사실 표면적인 수준의 반영을 한 채로 있으면서 "공감은 듣지 않아"(이는 예비전문가들이 정확하게 반영하는 것을 배우기 전에 흔히 하는 코멘트)라고 결론을 내리는 것보다는 깊은 수준의 공감적 반응을 하고 틀리게 되는 편이 더 낫다. 전문적 자기효능감 및 학생 내담자와 기꺼이 위험을 감수하는 것은 때로 자기의 사용(use of self)이라는 말로 불리기도 한다.

자기의 사용이라는 개념의 의미는 당신에게 무엇인가? 당신이 반영을 만들어 내고, 질문을 피하고, 상대방과 슈퍼바이저가 당신에게서 원하는 것이 무엇인지 알아내려고 애쓰는 일에 몰입할 때 어떻게 스스로를 사용할 수 있을까?

우리의 반영하기와 질문 유형이 중요하긴 하지만 우리가 내담자와 발전시키는 관계가 우리 능력에서 가장 중요한 요인이다. 여러 가지 기술을 사용할 수 있다는 것에 대한 당신의 위안이 진실하고자 하는 당신의 능력에 더 기여하고 또 당신만의 고유하고 독특한 치료적 자질을 사용하는 능력에 이바지할 것이다.

사실 당신이 배우는 기술들도 중요하지만, 당신만이 상담관계를 이끌 수 있는 특별한 참여 상황에도 주의를 기울여야 한다. 기본기술들은 확고한 작업관계를 촉진한다. 고급기술들은 학생 내담자가 자신에 대한 이해를 확장하고 자신의 삶을 개선시키게 될 변화로 나아가도록 한다. 확고한 작업관계에서의 참여를 개입이라 한다. 일관되게 존중과 진정성, 그리고 공감을 보여줌으로써 효과적인 학교상담자와 학교심리학자는 전문적 관계에 기꺼이 참여하고자 하는 그들의 마음을 전달하게 된다. 학생 내담자는 상담자가 초대하는 분위기에 반응하게 되면서 연약함을 느끼고 또 힘든 주제들을 다루는 상담과정에 개입하게 된다.

문화적 차이 존중하기

우리는 그동안 존중, 진정성, 공감, 개입은 물론 기본적인 상담기술들과 고급상담기술들에 초점을 두었다. 문화적 민감성도 이러한 자질들 못지않게 중요하다. 그러나 문화적 민감성의 표현은 유능한 전문가들이 다양한 배경을 가진 아동 및 청소년과 작업함에 따라 다소 다를 수 있다. 예를 들어 비언어적 의사소통의 여러 측면들은 문화에 따라 다르다. 어떤 민족집단 출신의 아동 및 청소년은 눈 마주치기를 다소 불편해한다. 질문은 사적인 정보 드러내기를 다소 불편해하는 집단에서는 역효과를 가져올 수 있다. 몸을 앞으로 기울이는 것도 공격이나 침입으로 받아들여질 수 있다.

그렇다면 문화적으로 민감한 전문가들은 이러한 행동들을 피해야 하는가? 반드시 그럴 필요는 없다. 대신 학생과 부모가 그들에게 어떻게 공동으로 작업하는 것이 최선인지 가르치는 것을 허용하는 존중의 태도와 이해하는 태도로 상담을 진행한다. 그들은 그 문화적 차이에 대해 대화로 이끄는 즉시성이나 자기개방을 사용하는 것이 도움이 된다는 것을 알게 된다. 즉, 상담관계라는 안전한 틀에서 하는 그러한 대화는 여러 비우위적인 문화적 배경을 가진 사람들이 또래와 교사들을 이해하도록 해 준다. 예를 들어 최근에 이민을 온 학생 내담자와 함께 작업하는 학교심리학자는 다음과 같이 말할 수 있을 것이다.

"'과테말라'에 있는 너희 학교는 몽고메리에 있는 우리 학교와는 분명히 달라. 가끔 나는 내가 백인이고 한 번도 과테말라에서 살아본 적이 없기 때문에 네가 찾으려고 애쓰는 일자리와 너의 일정에 대해 우리가 함께 이야기할 때 네가 다소 불편하게 느낄까 봐 염려가 된다. 사실 나는 늘 알라바마에서 살았단다. 지금 당장은 나의 삶이 너의 삶보다는 훨씬 수월하지." 그러한 개방은 그 학생이 문화적 차이를 탐색하도록 해 주고 새로운 환경에서의 관계와 적응에 대한 자신의 영향력을 배우게 할 수 있을 것이다.

가능하다면 파트너와 함께 즉시성, 자기개방, 도전하기, 해석을 보여 주는 이러한 시나리오에 대한 반응을 연습해 보라. 부가적으로 그 학생이 전달하고자 하는 핵심 의미를 고려해 보라. 서로 피드백을 주고받아라.

당신은 방금 시험 전의 불안에 대해 계속 불평하는 9살 여자아이 말로리와 함께 작업을 시작하였다. 당신은 말로리가 원래 시험을 잘 보기 때문에 혼란스럽다. 그래서 말로리의 입장을 충분히 이해할 수 없다고 생각한다.

말로리 : 시험을 쳐야 할 때마다 배가 아프기 시작해요. 나는 정말 멍청하고 시험이 너무 싫어요!

즉시성 :

___

___

___

도전 :

___

___

___

자기개방 :

___

___

___

해석 :

가능한 핵심 의미 :

7살 남아인 에두아르도는 새 학교에서 친구를 사귀는 데 어려움이 있다. 그 아이는 때로 자신의 좌절감을 공격적인 말로 표현한다. 당신은 그 아이의 전 학교기록에서 아이가 이전 학교들에서도 또래관계에 문제가 있었다는 것을 알았다.

에두아르도는 일주일에 2번 혹은 3번 당신에게 온다. 그리고 그 아이와 당신은 그 학교에서 가장 중요한 관계인 것으로 보인다. 에두아르도는 2학년 남자아이들을 위해 당신이 지도하는 집단의 멤버이지만 정기적으로 참석하지는 않는다.

에두아르도 : 애들이 다 나를 괴롭혀요. 걔네들은 내 욕을 하고 나와 놀지 않아요. 이 학교는 멍청해요! 나는 예전 학교로 돌아가고 싶어요.

즉시성 :

도전 :

____

____

____

자기개방 :

____

____

____

해석 :

____

____

____

14세 남아 엘리아스는 강한 학생이 될 잠재력을 가지고 있다. 비록 그 아이는 더 높은 성적을 내고 싶다고 하지만 아이의 수행은 일관되지 않다. 당신은 몇 가지 교실활동에서 엘리아스와 함께 작업해 왔고 그 아이는 당신이 지도하는 공부기술집단에도 참여해 오고 있다. 그 아이는 만일 자기가 어른처럼 배우는 것의 사용 방법을 알았다면 학업에 신경을 썼을 거라고 하였다. 아이는 어떤 진로계획도 가지고 있지 않았다. 반면 당신은 그 아이에게 당신이 시작할 계획인 진로탐색집단에 참여할 것을 요청하였다.

엘리아스 : 저는 또 다른 집단에 속하고 싶지 않아요. 그저 직업 하나를 찾을 거예요. 학교는 짜증 나! 무엇이든 쓸모 있는 게 하나 배우는 게 없고 누구나 그저 우쭐대요. 나는 학교에 가야만 하는 이유를 모르겠어요.

즉시성 :

도전 :

자기개방 :

해석 :

가능한 핵심 의미 :

Cowles(1997)은 다음과 같은 견해를 제시하였다.

> 효과적인 상담관계는 독특한 종류의 친밀감을 만들어 낸다. 짧은 상담기간에, 상담자가 또 다른 사람의 경험에 대해 전부 같은 강도로 자기를 개방하고 자기에게 주의집중하는 것을 근거로 상대방에게 주의집중하는 역설에 부딪친다. 그것은 "마치 …과 같이(as if)"라는 입장을 가정하는 것이 핵심이다. 그 상담자는 내담자의 세계에 있으면서 자신의 불안(즉, 공포, 분노, 절망 등)이라는 실재 속에 있다. 그러한 것은 두려운 것이고 상당한 용기를 요한다. (p.58)

이 구절을 읽으면서 어떤 생각이 당신 마음을 스치고 지나가는가?

___

___

___

___

___

당신이 취약하게 느꼈던 때를 생각해 보라. 상담 회기에서 상처받기 쉬운 취약함에 영향을 미쳤을 것으로 생각되는 자신의 사적인 고통이나 아동기 경험을 고려해 보라.

___

___

___

___

___

당신의 불안이나 취약한 감정을 인식하고 그 경험과 함께 작업하는 학생 내담자 및 성인의 경험을 분리하기 위해 당신은 무엇을 할 것인가?

Cowles(1997)는 또한 다음과 같이 주장하였다. "아동과 함께 작업하는 상담자들은 특히 아동 내담자와의 관계를 쌓는 과정을 건너뛰는 취약함을 보인다. … 그 이유는 아마도 아이들이 진정 깊이 있는 관계를 맺을 수 있다고 믿지 않거나 아이들과는 쉽게 그 일을 위해 작업할 일은 단순하다고 믿기 때문일 것이다." (p. 58)

이 구절에 대한 당신의 생각과 반응은 무엇인가?

학교 관련 조력자들은 종종 그들이 일하는 건물에 있는 모든 학생들과 친분을 가지고 있다. 당신은 상담과정을 진행할 정도로 학생 내담자와의 관계가 강하다는 것을 어떻게 알 수 있겠는가?

____

____

____

____

____

여행 4

상담이론과 함께 떠나는 여행

통합 및 개인화

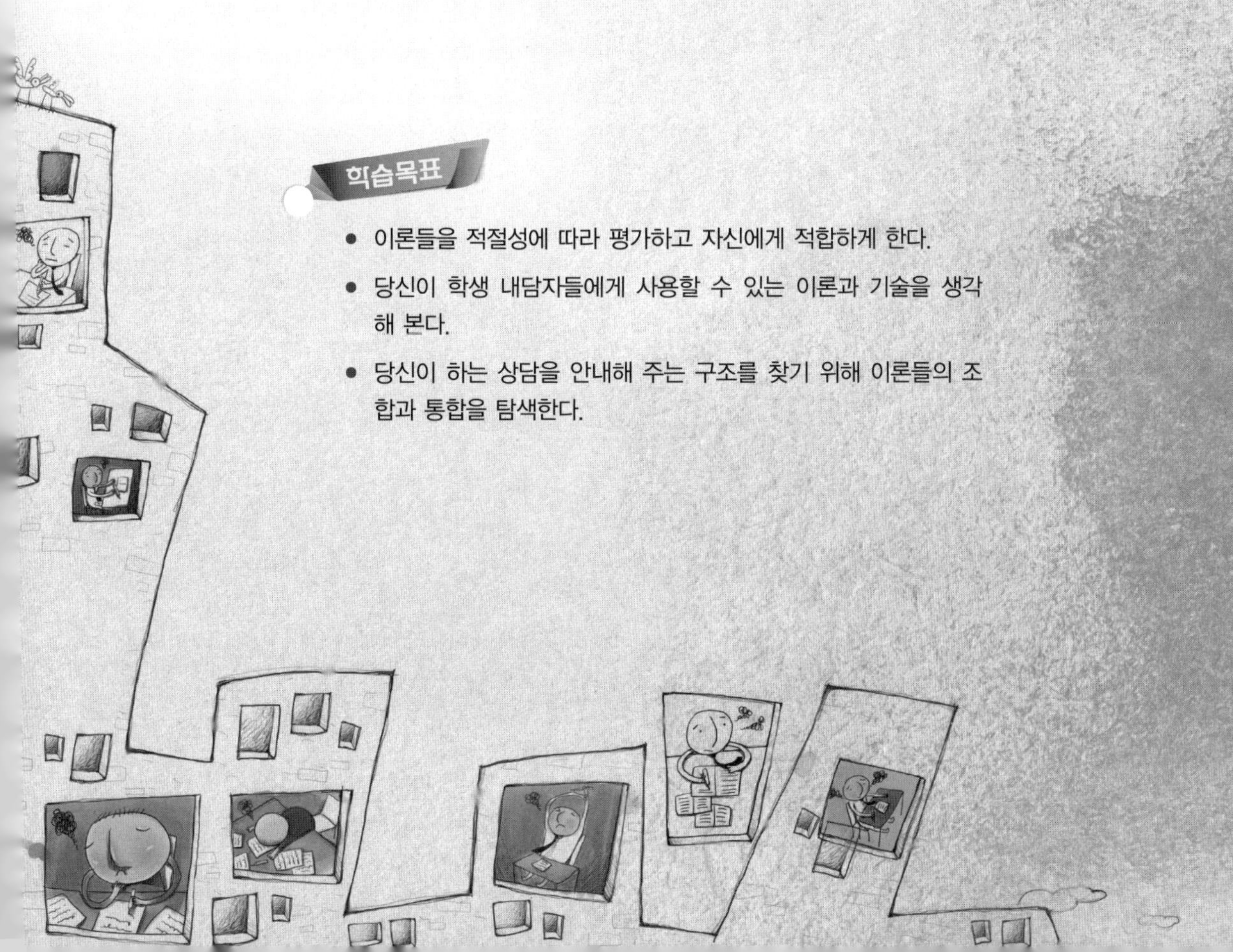

학습목표

- 이론들을 적절성에 따라 평가하고 자신에게 적합하게 한다.
- 당신이 학생 내담자들에게 사용할 수 있는 이론과 기술을 생각해 본다.
- 당신이 하는 상담을 안내해 주는 구조를 찾기 위해 이론들의 조합과 통합을 탐색한다.

여행 안내 정보 : 이 여행을 떠나기 전에 우리는 몇 가지 방향을 제시하려고 한다. 여행이 우리에 대한 모든 것을 보여 주지는 않지만, 학교에서 작업을 할 때 사용되는 이론의 역할에 대한 우리의 신념을 여러분과 공유하는 것이 중요하다고 생각한다. 또 우리는 학교에서 아동 및 청소년을 상담하는 의미 있는 틀로써 이론을 통합하고 채택할 것을 제안한다. 끝으로 우리는 사례개념화를 위한 윤곽을 제공할 것이다.

이론들에 대한 우리의 이론

이론들은 참으로 많다. 우리는 이론들에 대해 너무 많은 이론을 가지고 있다. 우리는 이론들에 대한 우리 이론이 어떤 것인지 알려줄 수 있는 몇 가지 가정을 가지고 있다. 그것을 목록으로 제시하면 다음과 같다.

1. 우리가 사람들을 효율적으로 변화시키는 방법과 사람들에 대해 가지고 있는 신념을 소개하는 이론을 분명하게 말하지 않고 상담을 하는 것은 전문가로서 무책임하고 위험한 일이다.
2. 유용한 상담이론이란 다차원적인 것으로서 (a) 인간 본성에 대한 신념, (b) 행복과 만족에 관한 가치관과 견해, (c) 성숙하고 잘 기능하는 인간에 대한 신념, (d) 내담자의 상황을 설명하고 개념화하는 틀, (e) 전문가들이 변화를 어떻게 촉진해야 하는가에 대한 생각을 포함하고 있어야 한다. 덧붙여 유용한 이론이란 경험적으로 지지되어야 한다.
3. 우리는 이론을 가지지 않을 수 없다. 상담은 이론 없이는 존재하지 않는다.

정신건강전문가들이 자신이 하는 일에 대한 이론을 정의하는 중요한 작업을 무시한다면 그들은 어린 시절이나 성인이었을 때의 경험에 근거하여 자신의 삶이 안내하는 임의의 이론을 적용하는 위험에 처할 수 있다. 나는 학생들에게 Magnusonion(저자의 이름이 Sandy Magnuson이다) 이론은 시간의 시험을 견디지 못했고 전문적인 영역에서 탐구되지도 않았다고 말했다. Magnusonion 이론에 입각한 실수를 방지하기 위해 나는 의도적으로 잘 존중받는 이론을 가지고 작업했고 Magnusonion 침투(즉, 나 자신의 경향, 의견, 문제해결에 대한 해결책)를 검열하였다.

Maslow(1965)는 자신의 참조틀을 가지고 작업하는 전문가의 경향성을 신랄하게 언급하였다. 우리는 그의 '심리학에 대한 인본주의적 견해(Humanistic Viewpoint in Psychology, Severin, 1965, pp. 17-34)'의 전문을 쓰고 싶지만 21세기 전문가들에게 적절하고 현대적인 도전을 제공하는 몇 구절만 발췌해 보았다.

> 사람들은 몇 살 난 어린아이라도 인간 본성에 대한 개념을 가지고 있다. 왜냐하면 사람이 어떻게 행동하는지에 대한 이론 없이는 살 수 없기 때문이다. 그러나 모든 심리학자들은 그들이 실증주의자이거나 반이론주의자이거나에 관계없이 자신들 내면에 숨겨져 있는 인간 본성에 대한 나름의 완성된 철학을 가지고 있다. 이는 마치 그(그녀)가 거부하거나 부정하더라도 반쪽짜리 지도로 자신을 안내하는 것과 같다. 즉, 이는 새로 획득된 지식을 받아들일 마음의 태세가 안 되어 있는 것과 같다. 이 무의식적인 지도나 이론은 그(그녀)가 힘들여서 얻은 실험실 지식보다 훨씬 더 그들의 반응에 영향을 준다. … 문제는 심리학에 대한 철학을 가지고 있느냐 없느냐가 아니라 의식적인 것과 무의식적인 것 중 어느 것을 택할 것인가 하는 것이다. (p. 23)

이론들은 많은 면에서 지도와 같다. 지도는 매우 도움이 될 것이다. 그러나 그 지도의 유용성은 특정 상황에 한정될 뿐이다. 예를 들면, 콜로라도 주의 그릴리 지도는 와이오밍 주 샤이엔에 있는 사무실 빌딩을 찾으려는 사람에게는 도움이 되지 않는다. 미국의 지도는 투스칼루사의 알라바마 캠퍼스 대학 건물을 찾는 사람에게는 도움이 되지 않는다. 지형학적 지도는 여행자에게 거의 도움이 되지 않는다.

지도는 여행 계획과 같은 정보를 조직화하게 해 준다. 또한 그것은 지각을 조직화하도록 해 준다. 그러나 이러한 지각들은 보통 하나의 관점만 제공해 준다. 예를 들면 항공 지도는 고속도로 지도나 날씨 지도와는 다른 관점을 반영한다.

당신은 '지도는 영토가 아니다'라는 격언을 들었을 것이다. 우리가 식물원의 지도위에 있는 것과 식물원을 직접 방문하여 느끼는 웅대함에는 엄청난 차이가 있을 것이다. 사람들은 지도를 따라갈 때 단지 길을 안내하는 도로명 게시판이나 주요 지형지물과 같은 특징들만을 보는 경우가 많다. 이렇게 한군데만 집중을 한다면 사람들은 자연의 풍성함, 새들과 아름다운 나무들은 보지 못할 것이다. 따라서 즐거운 여행을 하려면 지도를 따라가려고 해서는 안 된다.

그리고 이것은 상담이론에서도 마찬가지이다. 많은 종류의 지도가 있는 것과 마찬가지로 진로이론, 발달이론, 인지행동이론 등과 같이 많은 이론들이 있다. 잘못된 목적으로 이론을 사용하는 것(예 : 현재의 문제와 맞지 않는 이론을 사용하는 것)은 도움이 되지 않는다. 사실 그렇게 하는 것은 위험하기까지 할 수 있다. 하나의 이론이나 이론들의 통합 없이 작업하는 것에 대한 위험성에 대해서는 이미 언급하였다.

이론들의 통합 대 절충주의

이론의 조합에 대한 의문, 대화, 논쟁은 수년 동안 이어져 왔다. 몇몇 저자나 화자들은 한 개의 이론만 독자적으로 사용해야 한다는 철학을 주장해 왔다. 1960년대에 Lazarus는 통합된 BASIC ID[행동(Behavior), 정서 반응(Affective response), 감각 반응(Sensory reaction), 심상(Image), 인지(Cognition), 대인관계(Interpersonal relationships), 약물(Drugs)과 기타 생물학적 개입의 필요를 의미하는 7가지 단어의 첫 글자]를 제안했고 많은 논란을 불러 일으켰다. 예를 들면 Eysenck(1970)는 "다양한 치료 방법의 절충적 혼합은 이론을 엉망진창으로 만들고 절차를 난잡하게 하며 치료를 뒤범벅으로 만들어 적절한 근거나 검증될 수 없는 활동을 가지고 야단법석을 떠는 것과 같다."(p.145)라고 주장했다. 그는 또 덧붙였다.

> 필요한 것은 … 특정한 유형의 환자들에게 적용할 수 있는 구체적인 절차로 이끄는 명확한 이론들이다. 그러한 절차들은 가르칠 수 있어야 하고 비용 효과를 직접적으로 평가할 수 있는 것이어야만 한다. 더 나아가서 그 절차들은 이론적인 관점에서 지속적으로 비판적인 검토를 받아야 한다. 모든 심리치료자들이 울적한 침묵 속에서 일하고 있다. 설명하기도 어려우며 환자에게 도움이 될지 해가 될지 모르는 혼자만의 화려한 절차를 얘기하는 현재의 만족스럽지 못한 상태를 우리가 해결하지 못한다면 더 이상 해야 할 일이 없을 것이다.

놀라운 어휘는 차치하고 Eysenck가 주장하는 말과 예측에 대해 당신은 어떻게 생각하는가?

____

____

____

____

____

Eysenck의 주장을 증거 기반 서비스의 전달이라는 점을 중시하는 현대적인 도전의 맥락에서 생각해 보자. Eysenck의 언급이 현대의 학교 기반 전문가들에게 어떤 관련이 있는지, 있다면 무엇인지에 대해 생각해 보라.

____

____

____

____

____

Eysenck의 주장이 당신과는 어떤 연관성이 있는지 기술해 보라.

1993년 이전에 개발된 이론들을 재미있고 가볍게 고찰하기 위해서 Andrew Beale(1993)의 '현대 상담 접근법들 : 임상가를 위한 고찰'을 보라. 당신은 아마도 Beale 박사의 퀴즈를 최근 것으로 만들 수 있을 것이다.

통합 및 개인화

이론 형성하기는 하나의 과정이다. 실제로 학교상담자들과 학교심리학자들은 성숙하며 상담을 해감에 따라 학생으로부터 배우고 그들이 읽은 책과 논문, 참여하는 회의, 슈퍼비전, 여러 형태의 지속적인 교육을 통해 배우게 된다. 다른 말로 하면 이론 형성이란 일생 동안 배우고 성장하는 (모든 영역의) 전문가를 도와 주기 위한 목적지 없는 또 하나의 여행이라고 할 수 있다.

처음 2마일은 가장 어려운 여행이고 지도가 가장 도움이 되는 시간이다. 당신이 일하고 있는 장면에서 활용할 수 있는 상담틀이 되도록 의도적으로 통합한 이론으로 만들었기 때문에 당신에게만 유용한 지도라는 점만 제외한다면 초창기에는 도움이 되고도 남는다. 이 과정에서 예비전문가들은 종종 하나의 주요한 이론을 선택하고 나머지 이론들에서 몇 가지 요소를 첨가한다. 그들은 학생이나 내담자와 함께 일하면서 자신의 방향을 계속해서 정의하고 바꾼다. 전문가로서 성숙해 가면서 그들은 각각의 학생 내담자의 독특한 욕구, 성격에 맞는 처치를 계획하는 데 능숙해진다.

> 우리는 학교 기반 전문가들이 효율적으로 다양한 접근법을 사용할 수 있도록 돕고자 한다. 당신들의 신념을 포기하라고 권유하는 것도 아니고 비이론적이 되라고 하는 것도 아니며 명료하지 않게 일하라는 것도 아니다. 오히려 우리는 당신이 폭넓은 이론적 목록을 가질 수 있는 성장 계획을 개발해서 다양성을 가지고 일할 수 있게 되기를 바란다.

변화 촉진하기 : 초기의 사고

다음 부분을 읽기 전에 "학교상담자(또는 학교심리학자)들은 경치 좋은 길을 찾아갈 시간이 없다."(p. 45)라고 한 Metcalf의 제안(2008)을 생각해 보자. Metcalf의 개념과 여행 3에서 나온 Cowles의 생각(1997)을 비교해 보자. 당신은 Metcalf의 입장에 어느 정도 동의하는가? Cowles의 생각에는 어느 정도 동의하는가?

때때로 예비 학교상담자와 학교심리학자들은 우리가 효과적인 변화에 대한 책략을 언급하지 않고 기초기술과 고급기술에 초점을 맞출 때 참을성을 잃고 짜증을 낸다. 수련생들은 기초적인 기술에 편안함을 느끼게 되고 나면 우리에게 약간 짜증을 내며 "이번엔 또 뭐예요?"라고 묻거나 그런 태도를 취한다.

Carl Rogers는 확고한 관계를 바탕으로 진정성과 무조건적인 긍정적 존중 및 공감적 이해가 변화를 가져오는 '필요하고 충분한 조건'(1957, p. 95)이라고 주장하였다. 우리도 사랑하는 사람을 상실한 학생 내담자에게는 그러한 방법이 필요하고 충분하며 적절하다고 생각한다. 반응을 잘하고 공감해 주는 상대방에게 단지 자신의 얘기를 말하는 것만으로도 가치가 있다.

행동적이거나 학업문제와 같은 다른 상황에 대해서 우리는 필요하고 충분하다고 보았던 Rogers의 조건들이 효율적이지 않다고 본다. 기본적인 도움기술과 고급도움기술은 상담의 활동 단계(action stage)로 넘어가기 위한 기초가 된다. 즉, 우리가 학생 내담자와 관계를 형성하게 되고—내담자의 관여를 얻어내고—해야 할 목표를 함께 확인하게 된다면, 다음 단계는 학생 내담자가 스스로 목표 쪽으로 나아가도록 도와 주는 책략을 선택하는 것이다. 인지 행동적 접근 방법과 몇 가지 문제해결 모델들은 학교 내 문제를 가지고 있는 학생들을 도울 좋은 지침이 될 수 있다.

따라서 당신이 대답해야 할 질문은 "학생이 목표에 도달할 수 있도록 내가 도와줄 수 있는 방법이 무엇인가?"이다. 그러한 질문은 여러 변수에 따라 달라지기 때문에 쉽게 대답할 수 있는 것이 아니다. 당신이 상담에 대해 가지고 있는 기본적인 신념은 작업하고 있는 아동과 청소년 및 성인들과의 관계에서 나타나게 될 것이다. 그러나 당신은 (a) 문제의 원인을 무엇으로 보는지와 (b) 다양한 접근법을 지지해 줄 수 있는 연구, (c) 학교장면의 제한점(예 : 시간)을 고려해야 한다.

Richard Watts(1993)는 이론 확인과 개인화 과정을 시작하는 데 실제적인 4단계 모델을 제공하였다. Watts의 모델은 이 여행을 위한 유용한 지도가 될 것이다.

개인화 단계 1 : 개인적 가치와 주요 이론의 탐색

첫 번째 '정거장'은 당신의 핵심 신념과 가치관을 의도적으로 생각하고 확인하며 검증할 수 있는 시간을 허용해 준다. 성격발달에 대한 신념, 문제에 대한 기여자, 문제를 극복하는 데 힘을 줄 수 있는 사건, 문제를 극복하기 위해 변화를 촉진하는 전문가의 역할이 이 자기평가에 포함되어야 한다. 다음 정거장으로 나아가기 전에 우리는 당신에게 개인적인 신념에 가장 가까운 이론들을 생각해 두라고 말하고 싶다.

당신은 전문적인 준비를 하는 다양한 시기, 다양한 요인에 관한 당신의 가정을 생각해 보라는 요구를 받았었다. 사실 우리는 당신에게 이미 아동 및 청소년을 위한 학교상담과 이 책에서 아동에 대한 당신의 신념을 생각해 보라고 요구했었다. 또 당신에게 사람들이 어떻게 변하며 학교 기반 전문가들이 그 과정을 어떻게 촉진시킬 수 있는지에 대해 생각해 보라고도 요구했었다. 당신이 상담에 관한 다양한 이론을 평가하려는 의도를 가지고 경험을 얻게 됨에 따라 당신이 내린 가정을 재점검해 보는 것은 매우 중요하다. 여러 번 재점검해 보아야 한다. 우리는 당신이 좀 더 구체적이고 집중적으로 그 과정을 계속해 나가길 원한다.

아래의 촉진 문장에 대한 반응으로 당신의 마음에 떠오르는 말들을 써 보라.

아기가 태어날 때, 그들은 ______________________________

____

사람들은 태어날 때 ______________________________
한 성향이나 성질을 가지고 태어난다.

젊은 사람들은 ______________________________
때 성장한다.

젊은 사람들은 ______________________________
에 의해 동기화된다.

학생들은 ______________________________
할 때 그들의 행동을 바꾼다.

개인 상담관계에서 나의 역할은 ______________________________
하는 것이다.

나는 ____

함으로써 학생이 문제를 극복하는 데 가장 효과적으로 도움을 줄 수 있다.

학교의 주목적은 ______________________________________

이다.

교육자의 책임감은 ____________________________________

을 포함하고 있다.

아래의 질문에 대한 당신의 답을 가능한 한 매우 구체적으로 (간단하지 않게) 써 보라.

- 어린 사람들의 발달에 천성과 양육이 어떤 역할을 한다고 생각하는가? (교과서적인 답을 원하는 것이 아니다. 당신의 생각을 써 보라.)

  ____

  ____

  ____

- 공부를 하는 학생들의 동기는 무엇인가?

  ____

  ____

  ____

- 심리적, 정서적, 정신적 문제를 일으키는 데 영향을 미치는 것은 무엇인가?

  ____

  ____

  ____

- 어른의 지시를 따르지 않는 1학년이나 2학년 학생에게는 어떤 요인이 영향을 미치는가?

____

____

____

- 1학년이나 2학년 아동이 지시를 반복적으로 따르지 않거나 학교를 다니는 동안 내내 지시를 따르지 않는다면 어른은 어떻게 반응해야 하는가?

____

____

____

- 인생에서의 도전을 스스로 해결하지 못하는 사람에게는 어떤 요인이 영향을 주는가?

____

____

____

- 당신이 학교 기반 전문 조력가로서 일을 한다고 가정할 때 개인적인 요인이 어느 정도 영향을 주었는가?

____

____

____

- 당신의 사적인 신념과 가치관은 당신이 가장 좋아하는 이론과 어떤 점에서 유사한가?

___

___

___

- 다양한 개인적 차원들(예 : 영적, 신체적, 가족적)과 관련한 당신의 가장 확고한 가치와 의견, 신념을 8개나 9개 또는 10개 정도 생각해 보라. 예를 들면, 당신은 아동을 도와줄 수 있는 유일한 방법이 아동중심적인 놀이치료라고 믿을 수 있다. 또한 당신은 이혼이 절대적으로 나쁜 것이라고 믿을 수도 있다. 강한 종교적 신념을 가질 수도 있다. 의심할 바 없이 당신의 핵심적인 신념과 가치를 적는 데 며칠이 걸릴 수도 있다. 그러나 우리는 당신이 지금 그것을 적어 나가길 바란다. 우리는 그 과정을 다시 논할 것이다. 당신과 함께 하는 우리의 시간이 끝나고 난 후에도 계속 이 과정을 해 나가라고 권할 것이다.

___

___

___

___

___

___

___

___

___

___

___

- 당신은 이미 다양한 이론을 공부해 왔다. 우리는 그것들 중 일부를 아동 및 청소년을 위한 학교 상담에서 고찰해 보았다. 당신은 특별히 흥미를 끌었던 다른 것들도 아마 읽어 보았을 것이다. 이 시점에서 당신의 핵심 신념에 맞고, 학교에서 아동 및 청소년을 대상으로 상담하는 데 가이드가 되면서, 당신이 가장 이해할 수 있는 이론을 3개나 4개 정도 쓰시오.

저자들은 예비전문가들이 작업을 해 나가는 데 기초가 될 수 있는 주요 이론 선택에 필요한 첫 단계를 안내해 주는 유용한 질문지를 이미 제공하였다[예 : 선택적 이론 분류 도구(Selective Theory Sorter, 개정판. Halbur and Halbur, 2011, pp. 27-31)가 그것이다]. 이 도구에 대한 반응과 결과는 때로 예비전문가들을 놀라게 할 것이고 자기이해를 증진시킬 것이다.

개인화 단계 2 : 한 개 혹은 두 개의 이론에 대한 검토

당신의 다음 정거장은 몇 가지 이론에 대한 선택적 주의, 질문, 연구 및 조사를 하는 것이 특징이다. 이 과정은 이 정거장과 앞의 정거장들 사이를 왔다 갔다 하는 순환적인 과정이 될 수도 있다.

이것은 한 학기 내에 쉽게 완료될 수 있는 과제가 아니다. 우리는 당신이 대학 도서관에 가서 제때 읽을 수 있는 원 교재를 찾아 읽어 보기를 권한다. 예를 들어 당신이 내담자중심 접근을 좋아한다면 Rogers의 책을 몇 권 읽어보라. 인지치료가 마음에 들면 Ellis, Beck 또는 Meichenbaum이 쓴 책을 읽어 보라.

> 지금은 생각을 좁혀 당신이 학생 내담자들과 작업할 때 유용할 것이라고 믿고 있으며 좋아하는 이론의 측면에 대해 생각해 보길 바란다. 당신이 가장 좋아하는 두세 개의 이론을 어떻게 찾아낼 것인가? 어떤 기법을 쓸 것인가? 그 이론들 간의 본질적인 차이점들을 어떻게 조정할 것인가?

____

____

____

____

개인화 단계 3 : 통합

학교 기반 전문가들이 하나의 이론에 의존하는 경우는 드물다. 한 개의 이론은 참으로모든 상담 상황에 도움이 되지 않거나 적절하지 않다. 덧붙여서 각 이론은 다른 접근법에서 나온 기법을 보강하여 쓸 수 있다. 그렇게 해서 전문가들은 이론을 통합한다.

이 정거장에 머무는 동안 내적 일관성을 고려하는 것이 중요하다. 조합을 해서 효과적으로 사용할 수 있도록 접근들 간에 적절히 합의가 이루어지는가? 예를 들어 당신이 초기 아동기 경험이 행동의 주요 요소라고 믿고 있다면 선택이론은 당신에게 충분하지 않을 수 있다. 그러나 당신은 개인심리학(Adler)과 선택이론의 요소들을 조화시킬 수 있다.

개인화 단계 4 : 개인화

우리의 마지막 정거장(지금)은 개인화(personalization)이다. 당신은 학교상담자나 학교심리학자로서 당신이 만나는 각각의 상담관계에서 고유의 성격과 상호작용 스타일을 사용한다. 전문적인 역할과 다양한 이론에 익숙해질수록 당신은 이론들을 당신의 경험, 성격과 함께 의미 있고 진정한 스타일로 통합할 수 있는 다양한 기회를 만나게 될 것이다.

Watts(1993)는 우리가 했던 것과 같이 이론 형성, 통합, 개인화의 과정은 전문적인 조력자의 경력 전반을 통해 지속되어야 한다고 강조하였다.

명료함, 치밀한 사고, 이해의 깊이, 다양성 및 개인적인 발달은 순환적이고 역동적이다. 그 과정에서의 계획과 투자는 전문적인 성숙과 우수성을 높여줄 수 있다.

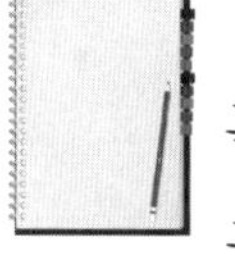

당신이 자신의 가치관과 신념, 성격 및 상담 스타일과 가장 잘 맞는 것으로 생각되는 이론을 고려할 때, 당신과 함께 작업할 학생 및 문제들에 대해 생각해 보라. 당신이 구성한 이론은 누구에게 가장 적절할까?

____

____

____

____

어떤 학생이나 상황에 대해 당신이 선호하는 접근법을 수정해야 할 필요가 있을까? (예를 들면 당신은 인지행동이론이나 현실치료를 선호할 수 있다. 갑작스런 사고로

부모를 잃은 학생 내담자를 상담할 때 어떤 수정이 필요하다고 생각하는가?)

우리는 아동 및 청소년을 위한 학교상담에서 캐시와 한스를 소개했다. 우리는 당신에게 그들을 돕는 데 필요한 정보를 생각해 보라고 요구했다. 여러 장에서 우리는 하나의 렌즈 또는 하나의 이론을 통해 개념화하는 것을 예로 보여 주었다. 당신이 지금 그들을 생각할 때 그리고 당신이 작업할 수 있는 다양한 이론을 고려할 때 그들 각각에게 어떤 접근 방법이 가장 적절하고 유용할 것이라 여겨지는가?

한스 :

캐시 :

당신이 한스 또는 캐시와 작업한다고 가정한다면 그들을 도와 주기 위해 어떻게 이론들을 통합하고 다양한 기법들을 끌어내어 적용할 것인가?

한스 :

캐시 :

이 여행이 끝나가면서 우리는 당신이 학생과 작업하는 데 필요한 이론 기반 기법들과 전략들의 목록을 비유적으로 챙기기 시작했기를 바란다. 당신이 필요할 때 써 먹을 수 있는 체계적인 방식으로 그렇게 하기를 바란다. 당신은 과도기에 있는 아동을 도와주는 데 적합한 이론을 생각할 수도 있고 사랑하는 사람을 상실한 학생 내담자에게 유용해 보이는 이론들을 고려해 볼 수도 있다. 또 동기의 문제를 가지고 있는 학생을 위해서는 다른 범주의 이론들을 찾을 수도 있다.

우리는 또한 기법과 양식(예 : 놀이나 집단)에서 비은유적인 정리 체계를 생각하기를 권한다. 우리가 기법이나 중재들을 정교화하지는 않았지만 우리는 당신이 몇 가지를 조사하고 시도해 보길 바란다. 우리는 중재와 비이론적인 기법들에 대한 목록들로 시작했으며 그 목록들을 당신이 선호하는 이론과 어떻게 일치시키고 조화시킬 것인지에 대해 생각해 보기를 바란다(그림 4.1).

그림 4.1 **상담기법과 책략들**

장난감을 가지고 하는 상담
보드게임을 가지고 하는 상담
협동적인 게임으로 하는 상담
미술상담
모험 기반 상담
스토리텔링(이야기하기)
상호 이야기하기
상담에서의 은유
외현화[이야기치료(Narrative Therapy)로부터]
치료적 편지
자서전 치료
비디오 활용 상담

문장완성검사를 통한 상담
빈 의자(게슈탈트)
역할연기
동기면담
인형극
음악 치료
춤 치료
말(horse) 치료
동물 보조 치료
모래 상자와 작은 장난감들을 이용한 상담

여행 5

내담자 변화 촉진하기

개념화, 계획하기, 진행과정 모니터링, 그리고 기록

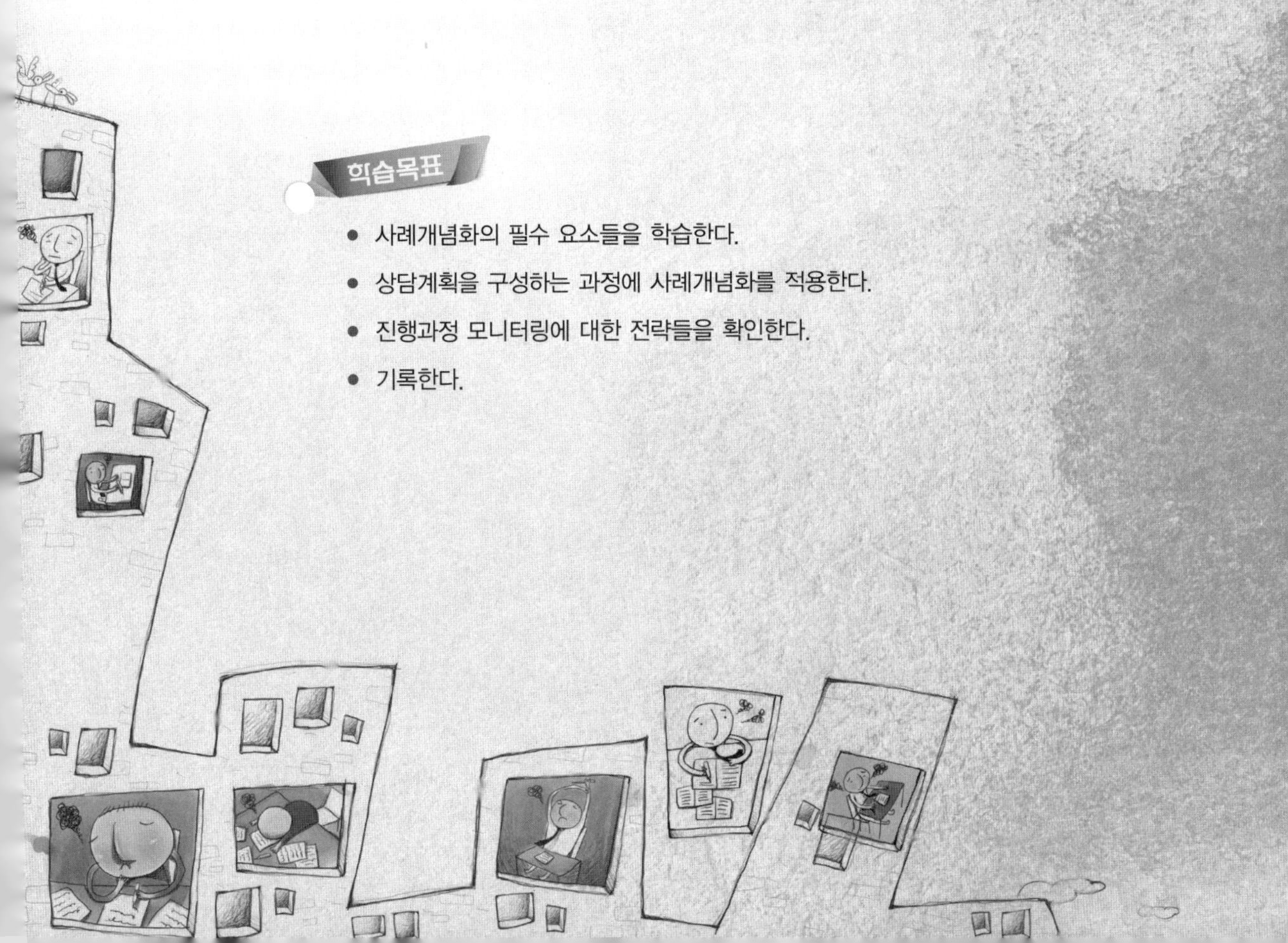

학습목표

- 사례개념화의 필수 요소들을 학습한다.
- 상담계획을 구성하는 과정에 사례개념화를 적용한다.
- 진행과정 모니터링에 대한 전략들을 확인한다.
- 기록한다.

여행의 이 시점에서 당신은 당신이 특별히 좋아하는 한 이론이나 몇 가지 이론의 요소들을 확인했을 것이다. 또한 당신은 다른 이론들에 대해 일반적인 지식을 쌓았을 수도 있고 이론-기반 중재의 목록을 축적하기 시작했을 수도 있다. 그러나 당신이 무엇을 선호하는지와 관계없이 당신은 학생들과 어떻게 작업을 할 것인지 결정할 때 각 학생의 욕구를 생각하는 것이 중요할 것이다(Berman, 2010). 이 과정을 사례개념화(case conceptualization)라 한다.

개념화는 전문가가 문제 그리고 문제와 관련된 요인, 그러한 문제를 해결하기 위한 자원 및 문제해결에 도움을 줄 수 있는 전략들을 정확하게 확인하도록 이끈다. 모니터링 과정은 학생 내담자와 전문가 사이에 피드백 고리를 만든다. 기록은 연속성을 도와준다. 개념화, 계획, 진행과정 모니터링 및 기록의 조합은 개별 학생이나 집단에게 통일되고 내적으로 일관성이 있으며 조리 있는 작업을 할 수 있게 해 준다. 당신은 이 여행을 통해 전문적인 실행을 할 때 점차 이러한 요소들에 대한 깨달음이 증가하는 기회를 갖게 될 것이다. 우리는 자문하는 맥락 내에서 사례개념화의 예로 시작할 것이다.

몇 년 전 나는 어떤 초등학생(그의 이름을 바비라고 부르겠다)에게 기능적 행동평가(functional behavioral assessment, FBA)를 하라는 요청을 받았다. 교장의 일차적인 관심은 파괴적 행동과 어른의 지시에 대한 반항적 행동에 관한 것이었다. 나는 자문의 역할을 하고 있었지만 사례개념화 절차를 따랐다. 나는 내가 직접 상담을 할 것처럼 주의 깊게 관찰하고 개념화하면서 각 단계를 기록했다.

나는 철자, 수기, 산수 및 음악 시간에 바비와 그 아이의 반 친구들을 관찰했다. 나는 또한 학생들에게 책을 읽어 주는 교사도 관찰했다. 나는 교사들의 행위, 급우들의 반응 및 바비의 행동에 주의집중을 하였다. 모두 합쳐 약 3시간 동안 나는 바비 및 그 아이가 속한 학급과 함께 했다. 나는 선생님들에게 '바비가 ______________할 때 나는 ______________ 을 느낀다.'라는 식의 문항에 대해 3번 응답하는 것을 포함한 질문지를 완성해 달라고 요청했다.

나는 내 사무실로 돌아와서 내가 관찰한 다양한 행동과 상호작용을 이해하기 위해 노력했다. 나는 다양한 이론적 렌즈를 '작동시켜서' 중재를 할 수 있는 설명—선생님, 상담자, 학교 간호사 그리고 교장 선생님과 함께 하는 회의에서 제시할 그럴듯한 가설—을 찾기를 바랐다.

나는 Adler 학파의 조망으로부터 생각하기 시작했고 몇 가지 질문을 나에게 던졌다. 바비가 하는 행동의 목적은 무엇일까? 그 아이는 과도한 관심을 추구하는가? 그녀가 힘을 얻으려고 하는가? 그녀가 앙갚음을 하려는 것인가? 어른이나 동료와의 관계는 어떤가? 당연한 혹은 논리적인 결론은 무엇인가? 그 아이는 자신을 능력이 있다고 지각하는가? 배짱은 어떤가?

마지막 질문에 대한 나의 반응이 주의를 끌었다. "이 아이는 아무것도 두려워하지 않아!" 이것은 나 자신의 반응을 분류하고 검토하는 통렬한 기억이었다.

나는 바비의 행동 가능한 목적으로 다시 돌아왔다. 그녀의 행동이 주의를 끄는 것과 관련이 있는가? 나는 그렇게 생각하지 않는다. 바비의 행동에 대한 선생님의 반응과 그녀가 말한 여러 가지에 근거해서 나는 권력 추구 전략일 가능성을 생각했다. 나는 그녀가 아이들이 명백하게 즐거워하는 활동을 이끄는 한 손님에게 부적절한, 잠재적으로 해를 끼칠 수 있는 말을 하는 것을 관찰했다. 내가 관찰한 것을 언급했을 때 다른 어른들도 바비가 그들에게 비슷한 말을 했다고 말해 주었다.

바비의 할머니는 바비의 행동이 또래관계의 문제와 관련이 있다고 하였다. 바비는 또래들과 관계를 맺고 싶어 하는가? 그녀는 자신을 집단에서 중요한 사람으로 지각하는가? 나와 선생님들에게 바비는 학교에서 친구들도 있고 관계도 맺는 것으로 보였다. 나는 동료와의 갈등을 관찰하지는 못했지만 할머니의 가설을 기억할 필요가 있었고 그것을 과소평가할 이유가 없었다.

나는 발달이론으로부터 생각하기 시작했다. 바비는 매우 똑똑한 것처럼 보였지만 우리가 기대하는 정도의 성숙도를 보여 주지는 못했다. 그녀는 또래들보다 작았다. 그리고 그녀의 행동은 도덕성 발달에 맞지 않았다. 나는 그녀의 출생과 신체적 발달, 특히 2세 이전에 관심을 가졌다. 그녀는 신뢰를 배웠을까? 그녀의 삶에 외상이 있었을까? 이러한 행동이 임신 전의 문제를 나타내는 것은 아닐까? 그녀는 남자나 여자 형제가 있는가? 그녀는 유치원에 다녔는가? 학교 간호사는 도움이 될 만한 정보를 가지고 있을까?

이러한 생각은 생화학적 설명을 하도록 나를 이끌었다. 그녀가 주의력 결핍 과잉 행동장애인가? 다른 '의학적 모델'과 결핍 모델이 그러한 행동에 대한 설명이 될까? 약물 중재를 하든 하지 않든 간에 우리는 행동적 설명과 개입을 해야 할 필요성이 있다. 무엇이 행동을 일으키는가? 바비가 학교에서의 성공을 성취하는 데 필요한 행동을 형성할 수 있는 환경을 어떻게 만들어 줄 수 있는가?

나는 (행동적 관점에서) 강화와의 유관성을 생각했을 때 당혹스러웠다. 그날 종일을 생각하고 나서 스스로에게 물었다. "이 아동의 행동을 강화시키는 것은 무엇인가? 어떤 결과가 그 아이의 행동과 관련이 있을까? 그녀의 행동은 무슨 목적을 이루는가? 바비의 행동의 기능은 무엇인가?" 내가 사람들의 행동에는 이유가 있다는 틀을 가지고 작업을 한다면 그 이유들에 대해 꽤 정확한 생각을 가져야 할 필요가 있을 것이다. 그 이유들이 뭘까?

그리고 예외에는 무엇이 있을까? [해결중심단기치료(solution-focused brief therapy, SFBT)로부터 생각한다면] 그녀는 언제 지시를 따르는가? 그녀는 언제 공부를 하는가? 그녀가 이러한 도전을 극복하는 것을 우리가 어떻게 알아낼 수 있을까? 우리가 그 아이의 진전을 돕기 시작했다는 것을 어떻게 알 수 있을까? 어떤 중재가 시도되었었나? 어떤 중재가 성공적이었나? 아니면 부분적으로라도 성공적이었나? 우리는 그와 유사한 행동이나 성격을 가지고 있는 다른 학생들과 어떻게 작업해 왔나? 내가 이러한 질문들 중 어느 하나에라도 대답할 수 있다면 바비가 어른, 또래들과 상호작용하는 것은 물론이며 학습하는 기술을 획득하는 데 도움이 되는 해결의 실마리를 제공할 수 있을 것이다.

나는 학교에서의 회의를 준비하면서 나의 개념화 과정을 추적했고 질문을 적었다.

나는 분명히 더 많은 정보를 필요로 했다. 그럼에도 잠정적인 가설을 제기할 준비가 되어 있었다. 바비의 행동 목적은 권력일 수 있다. Adler 학파의 틀 내에서 나는 학교에 있는 어른들에게 다음과 같은 강제 선택을 하라고 추천하였다. "너는 반 친구들과 함께 책상에서 네가 할 일을 하든가 교실 뒤의 책상에서 혼자 하는 것을 선택할 수 있어." "너는 친구들과 함께 하기보다는 계단에 앉는 것을 선택했구나. 계단에 앉아서 참여하는 것을 선택하거나 아니면 교무실에 가는 것을 선택하려무나." 나는 그들이 바비의 반응에 주의를 기울이는 실험으로써만 이 전략을 사용하도록 제시하였다. 또 선생님들에게 좀 더 많은 정보를 달라고 부탁하였고, 학교 간호사에게는 부모님을 만나서 초기 아동기 발달 요인을 탐색해 오라고 하였다.

사실 이 과정은 시간을 요했다. 즉, 잘 조사하는 데 시간이 걸렸다. Berman이 신랄하게 썼듯이 의도적이고 사려 깊은 개념화가 없으면 '치료 혼돈'을 초래할 수 있다(2010, p. 2). 학생 내담자의 상황을 정확하게 이해하지 못하고 성공이 무엇인지 구체적으로 명시하지 않는다면 전문가는 현재의 문제에 적절하지 못한, 되는 대로 하는 일관성 없는 중재를 할 위험성이 높다. 가장 좋은 가설을 얻기 위해서는 학생이 처한 맥락의 여러 면을 고려하는 것이 중요하다. 다시 말해 당신은 '당신의 생각을 복잡하게' 해야 한다. 선호하는 설명 한 개에 의존하기 보다 (예 : 그녀는 ADHD일 거야.) 다양한 조망을 가지고 증거를 조사하며 가장 잘 맞는 설명을 선택해야 한다. 그렇지 않으면 당신의 생각은 "음, 나는 [이것을] 시도해 보아야겠군··· 그게 잘 안 되네··· [이걸] 시도해 봐야겠군··· 오, 그것도 안 되네··· [이걸] 시도해 봐야겠는데."와 같은 식이 될 것이다.

사례개념화

인간 행동에 대한 당신 자신의 이론으로 학생 내담자에 대한 당신의 이해를 맞추는 과정이 사례개념화(case conceptualization)이다. 이 두 가지 요소 모두는 당신이 학생 내담자가 목표를 달성하도록 도움을 줄 수 있는 전략과 계획을 결정하는 데 도움을 준다. 전문가들은 가능하다면 현재의 문제를 치료하는 데 경험에서 지지를 하는 처치 방법을 사용한다. 불행하게도 연구에서 지지된 대부분의 전략들은 보다 일반적인 어려움(예 : 부모의 이혼에 대처하기, 또래와의 갈등)보다는 특정한 임상적 문제(예 : 불안, 우울, 또는 품행장애)에 초점을 맞추어 왔다. 덧붙여서, 전문가들은 선택된 전략이 학교 기반 중재와 가용한 시간 및 시간적 제약과 같은 학교 환경의 측면에 적절하고 현실적인지를 폭넓게 고려해야만 한다. 다른 접근법들은 학생과 당신이 부딪치고 있는 상황에 대해 좀 더 생각하기를 요구하지만 학교 기반 전문가들에게는 좀 더 단기적인 문제해결 접근법이 권장된다.

개념화란 현재의 어려움 및 해결 가능성과 관련된 요인들을 포괄적으로 검토하는 문제해결 과정이다. Mennuti, Freeman, Christner(2006, p. 38)는 다음과 같이 주장하였다.

> 사례개념화는 각 아동이나 청소년에게 나타난 다면적인 문제를 이해하는 역동적이고 효율적인 방법이다. 이러한 과정을 통해 아동의 인지적, 정서적, 행동적 기능을 설명하는 개별화된 중재나 치료 계획을 세울 수 있다. 이와 동시에 발달 수준은 물론 문화적, 가족적 맥락도 고려해야 한다. 정확한 사례개념화는 임상가가 아동의 과거 행동에 대해 상세한 정보를 수집하고 현재의 행동을 설명하며 미래의 행동에 대해 예측할 수 있도록 해 준다.

따라서 개념화는 현재의 문제와 병인, 사례사, 목표 및 이러한 목표의 성취를 촉진할 수 있는 절차에 대한 정확한 확인을 포함한다. 이러한 과정은 발달, 문화, 맥락, 학교 수행, 행동, 가족 역동, 관련 개인사 및 자원에 대한 주의를 필요로 한다. 문제를 일으키고 유지하는 요인들도 확인해야 한다. 문제해결에 관한 가설들도 만들어야 한다. 전문가들은 어떤 이론이 상황을 설명하는 데 가장 유용한가 외에 잠재적인 치료 결과에 대해서도 고려해야 한다.

궁극적으로 학생 내담자가 도전을 해결하는 데 도움이 되는, 내적으로 일관되고 그럼에도 유연한 계획을 설계해야 한다. 간단히 말하면 이것은 다음 세 가지 질문에 대답하는 과정이다. (a) 이 사람이 어떻게 이러한 상황에 빠지게 되었는가? (b) 그 문제에서 벗어나게 하기 위해 무엇이 필요한가? 이 질문들에 대한 대답은 (c) 내가 어떻게 가장 효과적이고 효율적으로 도움을 줄 수 있을까?에 대한 답으로 인도할 것이다.

여행 안내 정보 : 고등학생인 다릴이 이 여행에 당신을 동반할 것이다. 사실상 당신은 그와 (비록 이론적이며 간접적이긴 하지만) 함께 작업하게 될 것이다.

다릴은 17세의 고등학생으로 11학년이다. 그는 6학년 이후 개별 교육 계획(individualized educational plan, IEP)을 받고 있다. 그는 최근 학습 도움실에서 매일 두 시간씩 특수 교사와 함께 공부를 하고 있다. 거기에서 그는 선생님과 친밀한 관계를 유지하면서 즐거워하고 있다. 다릴은 수업을 받고 숙제도 교정받는다. 그는 연극과 같은 학교 활동에도 참여하고 달리기나 다른 스포츠 활동도 적극적으로 해 왔다. 그러나 최근에는 천식 때문에 신체 활동을 계속하지 못하고 있다.

다릴은 그의 부모와 함께 살고 있으며 형제자매가 없다. 다릴의 어머니는 (다릴의 학교에서) 사서이며 아버지는 상이군인이다.

다릴은 가을학기에 위통을 호소하기 시작했으며 며칠 동안 학교수업을 빠졌다. 특히 아침수업에 그랬다. 겨울방학 동안 그의 어머니는 가족 주치의에게 자문을 구했고 그는 범불안장애라는 진단을 내렸다. 그 의사는 다릴의 신체 통증에 대해 의학적 원인을 찾을 수 없었기 때문에 스트레스 관리를 하는 개인상담을 받으라고 권했다.

다릴의 어머니는 특수교사에게 도움을 청했고, 그는 특수교육팀에게 자문을 구했다. 그 팀은 당신에게 다릴, 그의 엄마와 협력하여 8회기 동안 개인상담을 하라고 배정하였다.

전문 조력가가 개인심리학(즉, Adler의 이론)을 바탕으로 해서만 다릴에 대해 작업한다고 가정해 보라. 그 사람은 무엇을 제기했을 것인가? 그 사람은 어떤 가설을 세웠을 것인가?

전문 조력가가 인지 행동적 접근만으로 다릴에 대해 작업했다고 가정해 보라. 그 사람은 어떤 물음을 제기했을 것인가? 그 사람은 어떤 가설을 세웠을 것인가?

SFBT 기반 전문 조력가가 다릴과 작업을 한다고 가정하자. 그 사람은 어떤 물음을 제기했을 것인가? 그 사람은 어떤 가설을 세웠을 것인가?

현실치료 기반 전문 조력가가 다릴과 작업을 한다고 가정하자. 그 사람은 어떤 물음을 제기했을 것인가? 그 사람은 어떤 가설을 세웠을 것인가?

당신은 어떤 질문이 적절하다고 생각하는가? 당신이 처음에 세운 가설은 무엇인가?

당신은 다릴과의 첫 회기에서 무슨 단계를 준비할 것인가?

당신은 제한된 정보를 가지고 첫 번째 회기를 위한 어떤 것에 우선순위를 둘 것인가? 첫 번째 회기의 목표는 무엇인가?

다릴과의 첫 번째 회기

여행 안내를 위한 질문 : 당신과 다릴은 어디에서 만나는가? 방은 어떻게 배치되었는가? 당신은 어디에 앉는가? 다릴은 어디에 앉는가? 다릴의 외모는 어떤가? 그는 어떻게 옷을 입었나? 그의 태도는 어떠했는가? 다릴에 대한 당신의 관찰과 그와 함께 작업하는 경험은 개념화와 계획 과정을 생각하는 데 중요한 요인들이다.

다릴은 위통이 주로 아침에 일어나며 점심 때까지는 아무것도 먹지 못할 정도였다고 설명한다. 그는 때로 점심시간 바로 전에 학교에 가곤 했는데 그 이유는 학교에서 먹는 점심을 좋아하고 친구들을 만날 수 있기 때문이라고 하였다. 다릴은 친구가 적었으나 친구가 있는 것이 그의 삶에서 가장 중요한 일이라고 강조했다.

다릴은 학급에서 성적이 나쁘며 학교에 오는 것이 두렵다고 말했다. 그는 몇몇 선생님들과 사이가 나쁘다고 불평했으며 급우 중 몇 명이 그를 못살게 군다고 불평하였다.

다릴은 그의 가족과 문제들을 논의한다. 아버지는 군대에서 뇌에 외상적 손상을 입고 외상 후 스트레스장애 증후군을 가지게 되었다. 그의 어머니도 의학적 도전을 받은 역사가 있다. 다릴은 아버지보다 어머니와 훨씬 더 가깝다고 말하였다. 또 그는 부모님 모두에 대해 걱정하지만 어머니에 대한 걱정이 더 크다고 말하였다.

다릴은 우울증이 있었고 작년에 자살에 대해 생각한 적이 있다고 말하였다. 다릴의 어머니는 여름방학 중에 그를 응급실에 데려 갔었다. 그러나 평가를 담당한 전문가들은 입원까지는 필요 없다고 판단하였다.

여행 안내를 위한 질문 : 당신은 과거의 자살 생각에 대한 다릴과의 대화에 대해 어떻게 반응할 것인가?

아래의 대화는 첫 회기의 끝부분을 발췌한 것이다.

당신 : 나는 네가 경험한 스트레스 수준을 보다 잘 이해하고 싶어. 1이 스트레스가 전혀 없는 상태라고 상상해 보자. 너는 세상 근심이 없고 아무것도 걱정할 게 없어. 너의 위는 아주 편안하고 하루 중 아무 때라도 무엇이든 먹을 수 있지. 그것이 1수준이야. 10은 매우 많은 스트레스 상태를 의미해. 너는 스트레스가 너무 많아서 누군가 뒤에서 다가오면 펄쩍 뛸 정도지. 너의 위는 너무 아파서 먹는 것은 상상할 수도 없어. 너는 잠을 잘 수 없을 정도로 걱정을 하지. 학교에 가고 싶지만 꼼짝도 할 수 없고, 그게 10수준이야. 네가 오늘 아침 학교에 왔을 때 느꼈던 수준을 숫자 얼마로 표현할 수 있을까?

다릴 : 오늘 아침이요? 약 8이요.

당신 : 지금은 어느 정도?

다릴 : 약 6이요.

당신 : 네가 아침에 학교에 오는 시간하고 지금 6 정도 되는 사이에 무엇을 했니?

다릴 : 내가 뭘 했냐구요? 아무 것도 안 했는데요. 그냥 그렇게 됐어요.

당신 : (관계를 유지하기 위해 웃으면서) 음. 나는 네가 스스로 생각하는 것보다 뭔가 더 많은 일이 있었던 것으로 생각되지만 그건 나중에 얘기하자. 우리는 앞으로 7주 동안 같이 작업을 해야 해. 우리가 첫 회기가 아닌 마지막 회기로 갔다고 가정해 보자. 그리고 우리의 작업이 너에게 진짜로

도움이 됐다고 가정해 보자. 사실 너에게 스트레스 수준을 평가하라고 요구했을 때 너는 3이라고 말했다고 하자. 네가 스트레스를 3이라고 경험했다고 평가한다면 그 주에 무슨 일이 일어났을까?

다릴 : 나는 좀 더 나답겠죠.

당신 : 좋아. 나는 그 말이 의미하는 바를 잘 모르겠어. 그래서 내가 복도 밖으로 나가거나 너희 교실에 갔다고 생각해 보자. 내가 거기서 네가 좀 더 너답게 되어 있다는 것을 알 수 있는 무엇을 보게 될까?

다릴 : 나는 친구들과 더 많이 얘기를 할 거예요. 그리고 나 혼자 어슬렁거리지 않을 거예요.

당신 : (고개를 끄덕이며) 네가 더 많이 너답게 된다면 그 밖에 또 무엇을 할 수 있을까?

다릴 : 나는 좀 더 성공할 거예요.

당신 : 그리고 네가 성공했다는 것을 너의 친구나 선생님들은 무엇을 통해 알 수 있을까?

다릴 : 나는 나의 일에 관해 결정을 내릴 것이고 나 스스로 학교에 갈 거예요. 어른들은 나에게 생각을 주입하거나 하루 종일 잔소리하지 않을 거예요. 엄마도 나에게 간섭하지 않겠죠.

당신 : 음. 그 밖에는?

다릴 : 모르겠어요. 아마도 내 위가 그렇게 많이 아프지는 않겠죠.

당신 : 그래. 너는 친구들과 더 많이 말하겠구나. 너는 너를 귀찮게 하는 어른들 없이 스스로 공부하는 책임을 지고 싶어 하는구나. 너의 위는 훨씬 더 편해질 테고. 모든 사람들이 너의 위가 더이상 아프지 않다는 사실을 알게 되었을 때 네가 무엇을 할 것인지 궁금해.

우리의 작업이 너한테 도움이 됐을 때 네가 어떤 일들을 할 것인지 생각해 볼까? 좀 뒤로 가서 다음 주에 네가 오면 스트레스를 오늘보다 2분의

1 낮추어서 5와 2분의 1이라고 평가했다고 하자. 네가 6보다 5와 2분의 1이라고 말했다면 그 주에는 무엇이 일어날 수 있을까?

다릴 : 아마도 나는 학교에 올 거예요. 그렇지만 그런 일은 일어나지 않을 거라고 생각해요.

당신 : 내가 3이나 4정도로 낮아진 것이 아니라 단지 2분의 1이 낮아졌다고 말했다는 점을 기억해.

다릴 : 나는 대부분의 오후에 여기에 있을 거예요. 아침에는 이틀 정도 있을 테고요.

당신 : 그러고는?

다릴 : 모르겠어요. 아마도 숙제를 조금 해내겠죠.

당신 : 그 변화를 가장 먼저 알아챌 선생님들은 누굴까?

다릴 : 조 선생님이나 아니면 테레사 선생님이겠죠.

당신 : 나는 네가 나를 위해서도 기꺼이 숙제를 할지 모르겠구나. 그리고 그것에 대해 알게 되는 유일한 어른이 될 수도 있겠지.

다릴 : [동의하지 않는다는 표현으로 어깨를 으쓱한다.]

당신 : 나는 네가 스트레스 수준을 7 이하로 평정할 때 그날 무슨 일들이 일어날지에 대해 자세히 주의를 기울여 봤으면 해. 하루 종일 7 이하가 되지 않아도 좋아. 왜냐하면 아침과 두 개 정도의 더 힘든 수업시간 동안에는 좀 더 높아질 거라 생각해. 그 점수가 7일 때 무슨 일들이 일어나는지에 대해 주의를 기울여 보자. 오케이?

다릴 : 오케이.

당신 : 다음 주에 올 거지? [다릴이 동의하면서 고개를 끄덕인다.] 내가 너를 데리러 갈까? 아니면 너 스스로 내려올래?

다릴 : 데리러 오지 않아도 돼요. 내가 내려올게요.

당신이 개인심리학만으로 작업하는 전문가라고 가정하자. 다릴과 어떤 작업을 하려고 계획할 것인가? 어떤 중재를 사용할 것인가? 다음 회기에 우선적으로 무엇을 할 것인가? 다음 회기를 하기 전에 필요한 것은 무엇인가?

당신이 인지 행동적 접근법만을 사용해서 일하는 전문 조력가라고 가정하자. 다릴과 어떤 작업을 하려고 계획할 것인가? 어떤 중재를 사용할 것인가? 다음 회기에 우선적으로 무엇을 할 것인가? 다음 회기를 하기 전에 필요한 것은 무엇인가?

당신이 SFBT 기반 전문 조력가라고 가정하자. 다릴과 어떤 작업을 하려고 계획할 것인가? 어떤 개입을 사용할 것인가? 다음 회기에 우선적으로 무엇을 할 것인가? 다음 회기를 하기 전에 필요한 것은 무엇인가?

당신이 현실치료 기반 전문 조력가라고 가정하자. 다릴과 어떤 작업을 하려고 계획할 것인가? 어떤 중재를 사용할 것인가? 다음 회기에 우선적으로 무엇을 할 것인가? 다음 회기를 하기 전에 필요한 것은 무엇인가?

____

____

____

____

당신에게 적절하게 보이는 질문은 어떤 것인가? 당신이 가진 최초의 가설은 무엇이었나?

____

____

____

____

당신은 다릴과 '좀 더 나다워지는 것' 그리고 '좀 더 성공적이 되는 것' 사이를 가로막고 있는 것이 무엇이라고 생각하는가? 어떤 이론이나 이론의 조합이 다릴의 상황을 이해하는 데 가장 그럴듯하고 유용한 렌즈라고 생각하는가?

____

____

____

____

그 접근법의 어떤 요소가 특히 적절하다고 생각하는가?

____

____

____

____

어떤 접근법이 당신이 사용할 중재 전략에 유용하며 다릴이 그의 도전을 극복하는데 도움이 될 것이라고 생각하는가?

____

____

____

____

두 번째 회기로 가기 전에 당신은 몇 가지 과제를 해야 한다. 그것은 다음과 같다.

- 첫 번째 회기를 기록하라.
- 학교기록을 검토하라(당신은 첫 회기 전에 이미 그렇게 했을 수 있다).
- 선생님들과 면담을 하거나 자문을 구해라(당신은 첫 회기 전에 이미 그렇게 했을 수 있다).
- 부모와 면담을 하거나 자문을 구해라(당신은 첫 회기 전에 이미 그렇게 했을 수 있다).
- 당신이 작업할 상담의 목표를 설정하라.
- 당신이 작업할 상담의 계획을 세워라(때로 치료 계획이라고 불린다).

첫 번째 상담 회기 중 다릴이 말한 것과 다릴의 상황을 고려해 볼 때 어떤 것이 논리적인 목표라고 예상하는가? 다시 말해 다릴이 당신과 8주 동안 작업을 한 후에 어떻게 달라져 있기를 바라는가? 어떤 목표와 언어가 다릴에게 가장 잘 받아들여질 것으로 보이는가? 당신은 목표를 달성하기 위해 어떻게 작업할 것인가?

여행 안내 정보 : 우리는 표 5.1에서 Murphy and Christner(2006)와 Neufeldt, Iversen, and Juntunen(1995)의 모델로부터 채택하여 포괄적인 개념화 안내를 제공하였다. 실제로 학교 기반 전문가들은 개념화의 모든 요소를 채울 수 있는 시간이 부족한 경우가 많다. 덧붙여서 어떤 요소들은 우리가 작업하고 있는 학생 내담자를 효율적으로 도와주는 데 관련이 없거나 유용하지 않을 수도 있다. 그럼에도 동시에 그 양식에서 언급하는 여러 요소들에 주의를 기울이면 중요한 정보를 놓치지 않을 수 있다.

표 5.1 사례개념화 안내

학생 이름 : ______________________ 날짜 : ______________________

학생 나이 : ____

중요한 어른 : ____

현재의 관심 : ____

____

____

____

____

____

관심의 범주(들) :

______________________ 행동

표 5.1 (계속)

____________________ 진로 의사결정

____________________ 고등교육 계획

____________________ 학업

____________________ 관계 갈등

(주의 : 현재의 문제에 대한 개념화의 방향을 안내해 준다. 예를 들면, 진로 미결정은 진로 및 직업이론과 관련이 있다. 관계문제는 대인관계기술 훈련이 필요함을 지적해 줄 수 있다. 행동문제는 제한된 기술, 충족되지 못한 욕구, 왜곡된 지각의 징표일 수 있다.)

문제에 대한 학생의 지각/설명 :

문제에 대한 선생님의 지각/설명 :

문제에 대한 중요한 어른의 지각/설명 :

표 5.1 (계속)

문제에 대한 전문 조력자의 지각/설명 :

____

____

____

____

____

(상황 및 학교와) 관련된 역사 :

성적 :

____

출석 :

____

행동 유형 :

____

기타 :

____

____

____

____

현재의 문제를 유지하는 데 기여하고 있는 잠재적인 요인들(예 : 이차적 이득) :

____

____

____

____

해결책에 관한 가설들 :

__________________________ 을 통해 새로운 행동을 배우거나 행동을 변화시킨다.

표 5.1 **(계속)**

______________________________ 을 통해 지각이나 신념 체계를 변화시킨다.

______________________________ 을 통해 통찰이나 깨달음을 발달시킨다.

______________________________ 실제 정보

______________________________ 격려

____

____

학생의 장점들 :

____

____

____

____

학생의 능력, 자질 및 강점들 :

____

____

____

____

가능한 자원들 :

____

____

____

____

발달적 요인들(인지적 요인, 심리사회적 요인) :

____

____

____

____

표 5.1 (계속)

관련된 문화, 민족, 경제, 맥락적 요인들 :

관련된 이론과 접근법들 :

내가 생각하는 가장 적합할 것으로 여겨지는 도움 전략들 :

이 학생이 수용하는 도움 전략들 :

서로 동의한 목표들 :

표 5.1 (계속)

최초 계획(주의 : 누가 참여할 것이고, 중재의 형태와 수준은 어떻게 할 것인지를 생각하라.) :

____

____

____

____

다릴에 대한 정보를 가지고 표 5.1의 개념화 양식을 완성하라. 당신이 알고 있는 것에 기초하여 당신이 알지 못하는 것 중에 포함시켜야 할 것들을 창의적으로 생각하라.

목표 정의하기

개념화는 당신이 다릴과 해야 할 작업을 계획하는 기초를 제공하였다. 상담은 학생 내담자, 전문가, 다른 의미 있는 어른들이 목표(goals)와 계획에 동의할 때 더 유익하다. 따라서 우리는 당신이 사용하는 이론들이 무엇이든 간에 협동적인 입장을 취하기를 권한다.

목표 설정은 사고(thought)와 시간이라는 관점에서 볼 때 투자할 만한 가치가 있다. 당신은 처음에 학생 내담자나 다른 사람이 인정하거나 수정한 초안을 준비할 것이다. 목표는 가능하면 학생 내담자의 언어로 틀이 짜져야 한다. 목표는 구체적이고 측정가능하며 성취할 수 있고 현실적이며 시간적으로 적절해야 한다.

교육자들은 그것을 종종 **SMART** 목표라고 부른다.

Specific(구체적인)
Measurable(가능한)
Achievable and Active(성취할 수 있는, 능동적인)
Realistic, Results oriented, and Relevant(현실적인, 결과 지향적인, 적절한)
Timely(시기 적절한)

표 5.2 목표 설정과 진행 상황에 대한 활동 계획

최고 고등학교
○○구, ○○동

다릴의 활동 계획 안내

날짜 : ____________________

목표 1 : 나는 ____________________ 을(를) 할 것이다.

내 목표를 달성하기 위하여 나는 ____________________ 을(를) 할 것이다.

오늘 나의 평점은 : ____________ 나의 목표 날짜는 : ____________

진행 기록 : ____________________

날짜 : ____________

1 2 3 4 5 6 7 8 9 10 목표 달성!

메모 : ____________________

____

____

날짜 : ____________

1 2 3 4 5 6 7 8 9 10 목표 달성!

메모 : ____________________

____

____

날짜 : ____________

1 2 3 4 5 6 7 8 9 10 목표 달성!

메모 : ____________________

____

____

전문가들은 때로 "나의 ________________ 한 장점(들)을 ________________ 한 곳에 사용할 것이다."와 같은 언어로 자신이 가진 능력을 활용한다. 다른 전문가들은 단순히 목표에 대한 진술을 다음과 같이 하는 경우가 많다. "내일 시작해서 다음 금요일까지 나는 계속 ________________ 할 것이다." 특히 학생 내담자와 작업을 할 때 우리는 가장 빨리 성취할 수 있는, 서로 연속적으로 이어지는 3개 이내의 목표를 설정할 것을 추천한다.

당신은 분명히 어떤 학생에 대해 3개 이상의 목표를 세우게 될 것이다. 당신은 추가적인 목표들을 기록할 수 있고 또 계획들을 적절하게 수정할 수 있다.

목표와 진행 상황을 적은 기록을 보여 주는 것이 어떤 학생들에게는 도움이 된다. 당신은 표 5.2에 제공된 것과 유사한 양식이 당신에게 유용하다는 것을 알 수 있을 것이다.

> 우리는 특히 목표를 구성하는 데 있어서 SFBT의 언어와 과정을 사용하는 것을 좋아한다. 당신은 우리의 예시에서 그 결과를 보게 될 것이다.

치료계획

목표를 정하고 명확한 방향이 섰다면 그 다음 단계는 당신이 어떠한 접근법과 전략, 그리고 중재를 사용할 것인지를 계획하는 것이다. 당신은 학생 내담자가 그(그녀)의 목표를 달성하도록 어떻게 도와줄 것인가? 당신은 어떤 양식(예 : 집단상담, 부모자문, 교사자문, 개인상담)을 사용할 것인가? 어떤 중재를 할 것인가? 진로개발에는 어느 정도 개입할 것인가?

진행과정 모니터링

당신은 목표를 설정하고 이 목표들을 성취하기 위한 전략을 세웠을 것이다. 당신의 학생 내담자가 이 목표들을 향해 전진하고 있다는 것을 당신은 어떻게 파악할 것인가? 당신은 어떤 기준을 사용할 것인가? 당신과 다릴은 다릴의 스트레스 수준을 평가하기 위해 10점 척도를 설정했다. 목표로 정한 스트레스 수준은 어느 정도까지가 적합할까? 다른 준거를 고려해야 할까?

진행과정 모니터링(progress monitoring)이라는 용어는 중재에 대한 반응(response to intervention, RTI)과 관련된 것으로서 특히 교육학에서 사용된다. 교육자들은 각 개입의 효과(예 : 교수 전략)를 학생의 반응에 근거하여 평가하도록 요구된다. 일이 잘 되면 그 전략을 지속하지만 그렇지 않으면 다른 교육 전략을 탐색한다.

학교상담자나 학교심리학자들 또한 그들이 작업하고 있는 학생들의 진행과정을 모니터링한다. 때로 그 일은 매우 쉬운 반면 매우 도전적인 일일 수도 있다. 우리는 다릴에게 그의 스트레스 수준을 척도화하도록 하였다. 척도화는 주관적인 측정치로서 신뢰할 만한 것은 못되더라도 진행과정을 모니터링하는 데에는 유용한 책략이다. 다른 측정치로는 출석, 성적, 공부의 완성도, 기대에 부응하는 정도 및 방향 수정에 대한 반응이 있다.

학교 환경 내에서 완전히 객관적이고 시간에 맞는 측정치를 찾는 것은 어렵다. 평균평점(grade point average, GPA)은 계산하는 데 시간도 걸리고 여러 자원으로부터 정보를 얻어야 한다. 이전의 수행 성적을 계산에 포함시킬 수도 있다. 덧붙여 숙제의 난이도, 숙제의 양, 그리고 기타 성적 관련 요인들이 변동을 일으킬 수 있다. 평정 척도에 대한 교사의 반응은 그들의 기분, 학교 일정에 따른 활동, 학급의 집단 역동 등에 의해 영향을 받는다. (종종 행동주의 이론에 근거한) 단일사례설계 연구방법은 활용할 수 있는 많은 양식 중의 하나이다. 그러나 총계를 내기 위해 한 개씩 더해서 세는 절차는 시간을 요하며 실용적이지 못한 경우가 있다. (단일사례설계에 대한 정보를 얻으려면

표 5.3 **확인 점검 기록지**

최고 초등학교
00구, 00동

앤의 활동계획 안내 날짜 : ______________

계획 : 앤은 아침 수업 시작 전과 방과 후에 지명된 어른을 만난다. 그녀는 이 기록지를 매일 저녁 부모님께 가져가서 서명을 받는다. 앤은 매일 아침 그것을 다시 가져와서 지명된 어른에게 낸다.

	B	A	R	K	
	책임감을 갖자	친절한 행동	다른 사람을 존중한다	안전 지키기	
	최선을 다한다	**급우들에게 친절하게 말한다**	**선생님의 지시를 따른다**	**손발을 조심한다**	비고
읽기와 쓰기	0 1 2 3	0 1 2 3	0 1 2 3	0 1 2 3	
체육	0 1 2 3	0 1 2 3	0 1 2 3	0 1 2 3	
산수	0 1 2 3	0 1 2 3	0 1 2 3	0 1 2 3	
스페인어	0 1 2 3	0 1 2 3	0 1 2 3	0 1 2 3	
작문	0 1 2 3	0 1 2 3	0 1 2 3	0 1 2 3	
필기연습	0 1 2 3	0 1 2 3	0 1 2 3	0 1 2 3	
과학/사회	0 1 2 3	0 1 2 3	0 1 2 3	0 1 2 3	
도서관/컴퓨터	0 1 2 3	0 1 2 3	0 1 2 3	0 1 2 3	
수화(Sign)	0 1 2 3	0 1 2 3	0 1 2 3	0 1 2 3	
음악	0 1 2 3	0 1 2 3	0 1 2 3	0 1 2 3	
미술	0 1 2 3	0 1 2 3	0 1 2 3	0 1 2 3	

0 = 반대의 행동이 관찰됨 1 = 관찰되지 않음(예 : 숙제가 없음)
2 = 관찰됨 3 = 기대 이상 ☺
오늘의 목표는 ______________________ 오늘 받은 점수는 ______________________
[지명된 어른의] 알림 :

____

지명된 어른의 서명

부모의 알림 :

____

부모의 서명

아동 및 청소년을 위한 학교상담 13장을 보라.)

그럼에도 불구하고 영리한 학교상담자나 학교심리학자들은 어려움을 쉽게 풀어서 논리적으로 설명 가능하며 유용한 자료 수집을 할 수 있는 방법을 찾는다. 그들은 종종 객관적인 지표(예 : 출석과 성적)나 주관적인 측정치(예 : 자기보고 평정치와 관찰)를 혼합하여 사용한다.

확인 점검(Check in Check Out, CICO)(Crone, Horner, & Hawken, 2010) 절차는 학교 전문가들에게 많은 이점을 제공한다. CICO는 진행과정 모니터링을 위한 기제는 물론 학생에 대한 즉각적인 피드백과 강화를 제공한다. CICO 절차는 각 아동의 욕구에 따라 만들어진다. 학생들은 매일 아침 수업 시작 전에 지명된 어른을 만나 전날의 기록지에 부모님 서명을 받아 제출하고 새 기록지를 준비하여 그날의 목표를 세우며 성공에 대한 전략을 토의하고 관리자로부터 격려받는다.

매 수업이 끝날 무렵이나 쉬는 시간마다 CICO 학생은 평정을 의논하기 위해 1분 이내 정도로 선생님을 만난다. 그들은 방과 후에 지명된 어른에게 가서 합계를 계산하고 그날 하루의 수행에 대해 토의한다. 지명된 어른은 평정을 기록하고 그 기록지에 부모에게 보내는 부가적인 알림사항을 써 넣는다. (초등학생에 대한 CICO 기록의 예는 표 5.3에 제공되어 있다.)

여행 안내를 위한 질문 : 당신은 다릴의 진행과정을 모니터링하기 위해 어떤 전략과 기제를 사용할 것인가?

기록

학생 내담자와 함께 진행한 우리의 작업을 기록하는 것은 중요한 일이긴 하지만 또 다른 시간을 필요로 한다. 전문가는 회기마다 기록을 함으로써 연속성 제공, 주제에 대한 확인, 설명 가능 및 진행과정 모니터링 등의 도움을 받을 수 있다. 우리는 아동 및 청소년을 위한 학교상담 12장에서 공통적으로 사용되는 SOAP 구조에 대해 개관한 바 있다. 이 실제와 적용 안내 여행에서 우리는 당신에게 사례 메모에 나타나게 될 코멘트들을 평가하고 다릴에 대한 메모를 개발할 수 있는 기회를 제공하겠다.

학교 기반 전문가들에게는 효율성과 시간 관리라는 점에서도 기록이 중요한 가치가 있다. 따라서 우리는 당신이 정확성과 집중도를 가지고 '적게 쓰고 많이 기록하는' 전략을 개발하라고 권한다. 덧붙여서 우리는 기록을 할 때 당신이 살고 있는 도시의 신문 첫 페이지에 인쇄되어 나올 것이라 상상하며 쓸 것을 권한다.

아래의 기록 내용에 대해 당신은 무엇이 생각나는가?

- 존이 들어왔고 우리는 잠시 얘기를 했다.
- 그녀는 평소보다 더 어수선하였다.
- 그녀는 불편하고 이상한 감정에 대해 불평하였다. 우리는 그녀의 불편한 감정을 다루기 위한 방법에 대해 이야기하였다.
- 토트는 벨 선생님이 대하기 어려우며 종종 벨 선생님은 아이들에게 소리를 지른다고 말했다.
- 그녀는 자신에게 비현실적인 목표를 설정하였다. 그래서 나는 그녀에게 스스로 성취할 수 있는 것에 초점을 맞춰야 한다고 설득하려 하였다.
- 앤은 놀이를 했고 몇 개의 그림을 그리고 난 후에 가야 한다고 말했다.

당신은 위의 기록들이 근본적으로 의미가 없는 모호한 일반성을 포함하고 있음을 알아차렸을 것이다. 몇 가지 언급들은 수준이 낮다. 앤은 무슨 놀이를 했는가? 그녀는 무엇을 그렸나? 그녀가 가야 한다는 결정을 내리게 한 것은 무엇인가? 잠시 동안은 어느 정도의 시간을 말하는가? 비현실적인 목표란 무엇인가?

기록을 준비하고 개관하며 평가할 때 아래와 같은 특성을 갖추도록 노력하라.

- 정확성
- 간명성
- 빠른 준비
- 전문성
- 신중성
- 비밀 보장

다릴과의 첫 번째 회기에 대해 SOAP 메모를 개발하라.

S: (주관성–그가 말한 것을 요약) :

____

____

____

____

O: (객관성–당신의 관찰) :

____

____

____

____

A: (평가–학생의 상황과 목표로의 진행과정에 대한 당신의 평가) :

____

____

____

____

P: (계획–주어진 숙제, 이후의 회기들에 대한 계획, 다음 회기 전에 해야 할 과제) :

> 당신의 개념화와 SOAP 기록은 논리적으로 연결되고 일관성이 있어야만 한다. 근본적으로 당신은 사실을 기록하는 것이다.

다릴과의 두 번째 회기

다릴의 요청에 따라 당신은 사무실에서 그를 기다리고 있다. 당신은 다릴에게 그 약속을 상기시켜 달라고 그의 선생님에게 부탁했다. 다릴은 약속 시간이 5분 지난 후에 도착했다. 당신은 기다리는 동안 무슨 생각을 했나? 그가 도착했을 때 당신은 뭐라고 말할 것인가? 당신의 회기를 어떻게 시작할 것인가? 우리는 당신이 다릴과 나누었을 대화를 아래에 기록해 보라고 권한다.

당신 :

다릴 :

당신 :

____

____

다릴 :

____

____

당신 : 나는 지난주에 네가 내 사무실을 나가고 나서 무슨 생각을 했는지 궁금해.

다릴 : 모르겠어요. 내가 어떤 생각을 했는지 모르겠어요. 내가 추측하기에는 그냥 좋았던 것 같아요.

당신 : 가끔 어떤 학생들은 상담실을 떠날 때 몇 가지 것들에 대해 생각하지. 그래서 나는 그걸 물어 보고 싶어. 내가 지난주에 숙제를 내주었지? 시간들에 주의를 기울이라고 말이야.

다릴 : 음, 수요일과 목요일은 좋지 않았어요. 다른 때보다 스트레스를 더 많이 받았어요. 나는 수요일 점심 때가 지나서 학교에 왔어요. 목요일은 아예 오지 않았고요.

당신 : 그래. 수요일과 목요일은 힘들었구나. 다른 날은 어땠니?

다릴 : 금요일은 좋았어요. 11시까지 아무 수업도 받지 않았어요. 나는 수업 시작 전에 학교에 올 수 있어서 좋았어요.

당신 : 어떻게 그렇게 될 수 있었지?

다릴 : 목요일 밤에 일찍 잤어요. 그래서 일어났을 때 기분이 더 좋았어요.

당신 : 너는 일찍 자러 갔구나. 잘 쉬었고 그래서 아침에 기분이 좋았구나. [잠

시 멈추었다가] 지난주에 내가 너에게 우리의 공동 작업이 도움이 되는 때를 네가 어떻게 알 수 있는지에 대해 물어 봤었지. 나는 우리 계획을 짜는 데 네 생각을 사용했지. 목표를 향한 몇 가지 아이디어를 적었어. 그러나 너는 오늘 다른 아이디어를 가지고 있는 것 같구나. 시작해 볼까? 우리는 그것을 함께 끝낼 거야. 너는 너의 숙제를 다 해내고 싶다고 말했어. 그 하나의 목표에 대해 나는 '나는 각각의 선생님들과 계획을 짜서 할 거야. 그래서 숙제를 해낼 거고.'라고 썼지. 그게 너에게 어떤 점에서 딱 맞았지?

다릴 : 내 추측으로는 좋았어요.

당신 : 너의 추측. 너는 그 목표에 도달할 수 있는 가능성에 대해 확신을 하지 못하고 있구나.

다릴 : 나는 톰슨 선생님과 산체스 선생님을 잘 모르겠어요. 우리는 그다지 잘 어울리지 못해요.

당신 : 그래. 그 목표라는 게 네가 해 나가고 싶은 어떤 것이라는 거지?

다릴 : 내가 학교에 계속 있으려면 숙제를 해낼 필요가 있어요.

당신 : 좋아. 숙제를 잘할 수 있는 전략을 찾아 보자. 나는 네가 다른 목표 2개를 생각했으면 해.

다릴과의 두 번째 회기를 기록하라. 그 회기가 잘 진행되었고 당신이 한 것과 다릴의 반응에 대해 충분히 만족했다고 가정해서 기록해 보라.

S: (주관성-그가 말한 것을 요약) :

____

____

____

O: (객관성–당신의 관찰) :

____

____

____

A: (평가–학생의 상황과 목표로의 진행과정에 대한 당신의 평가) :

____

____

____

P: (계획–주어진 숙제, 이후의 회기들에 대한 계획, 다음 회기 전에 해야 할 과제) :

____

____

____

여행 4와 5는 내용이 빽빽하게 많고 정의가 다소 불분명하며 약간 모호하였다. 우리는 완성되지 않은 그리고 결코 '완성'될 것 같지 않은 활동을 시작하라고 당신을 초대했다. 우리는 문제점들을 확인했다. 또 방문을 하거나 전화를 하거나 이메일로 당신의 주의를 요구하지는 않았지만 완성해야 할 시간 집중적인 과제를 위한 틀을 제공하였다. 지금 당신에게는 무엇이 일어나고 있는가? 잠시 시간을 내어 당신의 생각과 느낌을 정리해 보기 바란다.

여행 6

내담자 변화 견고히 하기

상담여행 축하하기 및 이별 준비

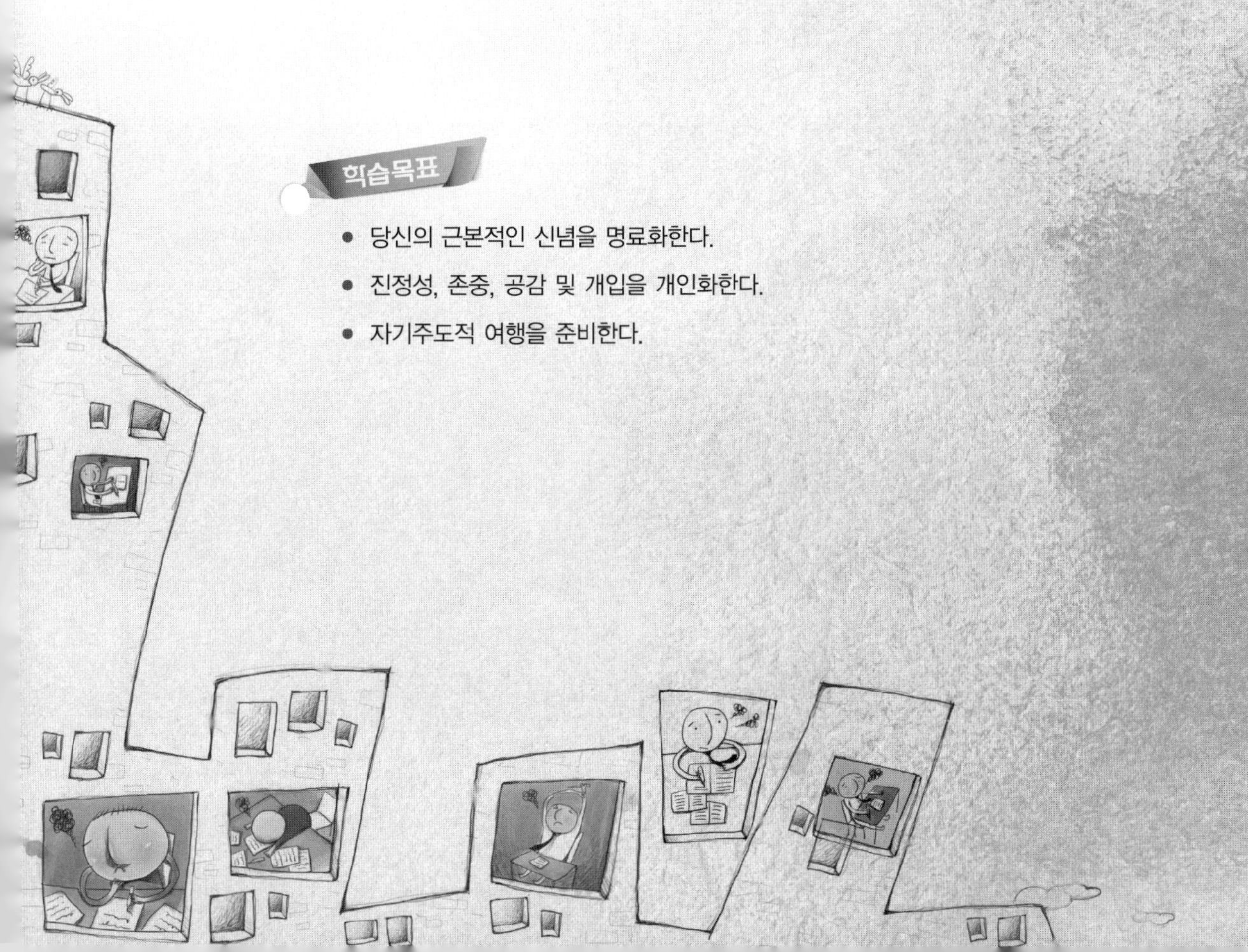

학습목표

- 당신의 근본적인 신념을 명료화한다.
- 진정성, 존중, 공감 및 개입을 개인화한다.
- 자기주도적 여행을 준비한다.

여행 안내 정보 : 우리가 이 여행을 시작할 때 우리는 집단상담에서의 종료 단계를 상기할 필요가 있다. 따라서 우리는 여행 제목을 '견고히 하기'라고 달았다. 집단 구성원들은 마지막 단계에 접어들면 다소 양가적이 되고 주저하게 된다. 마찬가지로 우리는 아동 및 청소년을 위한 학교상담과 이 실제 및 적용을 위한 가이드북에서도 같은 경험을 하였다. 한편으로는 우리의 당면 과제를 끝내가는 것이 기쁘다. 다른 면에서는 우리가 포함시켜야 할 것들에 대해 계속 생각한다. 이 과제가 우리 연구진에게는 주요 업무이다. 또한 그것의 완성은 상실이다. 의심할 바 없이 당신, 즉 독자들은 이 과정이나 프로그램의 요구가 끝나가는 시점에서 어느 정도 양가감정을 느낄 것이다.

이 마지막 여행을 하는 동안에 우리는 당신이 사려 깊으며 숙고하는 활동을 해서 학교상담 전문 조력가로서의 다양한 역할과 당신의 일에 대한 생각을 견고히 하고 이런 생각을 기록할 수 있기를 바란다. 이 활동들을 의도적으로 마지막에 진술하려고 한 것은 아니다. 사실 우리는 상담에서 중재하고 여러 장면에서 작업하며 다양한 학생들을 만나게 되므로 당신이 각기 다른 신념과 가치관을 채택할 것으로 예측한다. 우리는 당신에게 도전하여 당신이 그 여행을 생생한 것으로 여기도록 영감을 불어넣어 주었기를 바란다!

우리가 이 가이드북의 방향과 주제를 예견했던 바와 같이 기술 발달, 이론 정립, 적용 및 학교에서의 전문가 작업에 관해 우리 자신의 철학적 명료성을 성취하고 전달할 수 있는 지도를 준비했다(그림 6.1을 보라).

그림 6.1 기술 습득과 전문적 발달의 개념화

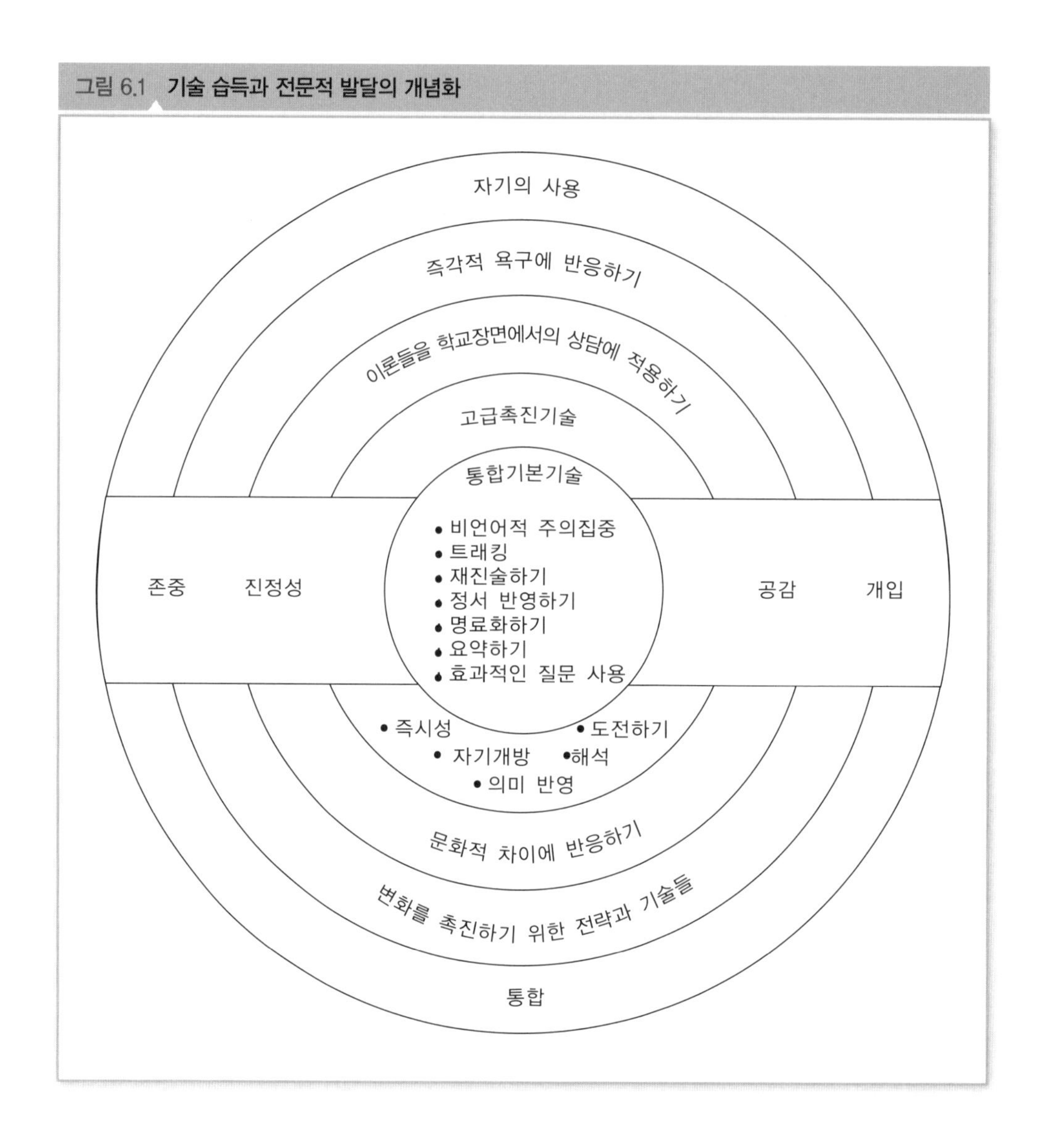

그림으로 제시된 바와 같이 기본기술은 중앙에 있지만 다른 원들과 통합하여 연결되어 있다. 기본기술을 단단히 하기 위하여 우리는 고급촉진기술들을 첨가하였다. 이론들은 별도로 다른 책(아동 및 청소년을 위한 학교상담과 당신의 다른 상담이론 교재들)에서 다루었고 학교라는 우리의 작업 맥락을 고려하였다. 우리는 다양성을 존중하는 것이 중요하다고 강조하였다. 문화적 집단과 이 집단들 내에 있는 개인들의 다양성을 존중하고자 하였다. 우리는 변화에 영향을 줄 수 있는 조건과 전략을 탐색하였다. 학교 공동체는 물론 학생의 즉각적인 욕구에 반응할 때 따라야 할 절차와 고려해야 할 영역에 대한 개관은 아동 및 청소년을 위한 학교상담에 제공되어 있다.

당신의 목소리(적어도 당신의 생각과 말들)는 여행 4와 5에서 더 많이 나타났다. 우리는 당신이 학교에서의 아동과 청소년 상담에 관련된 자신의 결론을 많이 끌어내도록 초대하였다. 우리는 당신과 함께 작업하는 학생 내담자에 대한 개념화 과정을 당신이 중재하도록 권하였다. 우리는 당신이 '학교상담을 하는 사람'이나 '학교심리학을 하는 사람'이 되어야 하기 때문에 학교에서 하게 될 모든 일들의 요소를 통일하라고 강조한다. 전문성 발달이라는 개념에서 이해할 때 진정성, 존중, 공감 및 개입—우리가 전문적 돕기 맥락에서 결정적이라고 보고 있는 요소들—은 여러 층의 기술적 진보보다 중요하다. 여행 4, 5 및 6의 전반적인 목적은 당신이 배운 많은 기술, 이론 및 중재를 개인화하는 동시에 당신만의 독특한 치유 자질을 최대화하고 전문화하는 데 도움을 주자는 것이었다.

당신의 경력 여행 중 이 부분에 대한 결론을 준비할 때 진정성, 존중, 공감 및 개입은 어떤 의미가 있는가? 당신이 솔직하지 못하고 존중하지 않게 되는 경우 그것을 어떻게 알 수 있는가? 당신이 공감적이라는 것을 어떻게 알 수 있는가? 당신이 개입하고 있다는 것은 어떻게 알 수 있는가?

우리는 그림 6.1의 바깥쪽 원에 이르렀다. 그러나 당신의 전문적 여행은 이제 시작이다. 우리는 이 바깥 원으로부터 벗어나 밖을 가리키는 많은 화살표를 시각화해 본다. 각 화살표는 이 일련의 여행 안내 지침을 통해 우리와 함께 여행한 예비전문가를 나타낸다. 당신은 여행에 대한 많은 자기안내지침은 물론 다른 여행 안내의 지지를 통해 계속 성장할 것이다. 당신의 전문적인 준비는 당신을 어디로 데려갈 것인가? 당신은 어디에서 그것을 취할 것인가? 우리는 잠시 동안 당신이 이러한 질문들을 깊이 생각하기를 권한다. 의심할 바 없이, 당신은 학기 말에 즈음 그 학기의 기말 요건들을 채우느라 스트레스를 느낄 것이다. 그러나 우리는 당신이 자신의 반응을 기록할 시간을 갖기를 권한다.

다음 여행을 떠나기 위한 짐 꾸리기

여행 4의 결론에서 우리는 당신에게 조직화를 위한 체계로 '짐을 꾸리라'고 권했다. 이 여행에서는 그 과정에 대한 전략을 우리가 제시할 것이다. 일부는 당신에게 잘 맞을 것이고 일부는 그렇지 않을 것이다. 당신은 소비자인 동시에 일시적인 체류자이다!

아동 및 청소년을 위한 학교상담과 이 가이드북을 통해 우리는 당신의 생각, 신념, 가치관 등에 대해 질문을 했다. 우리가 여행할 때 짐들을 박스에 넣거나 꾸려 놓으면 잃어버리거나 잊어버리게 되듯이 아이디어, 전략, 가능성 및 계획들도 쉽게 잊혀질 수 있다. 우리는 당신이 전문가로서의 일을 하는 것과 관련된 신념을 가능한 명료하게 구성하기를 권한다. 그리고 그 결과를 잃어버리지 않게 잘 '꾸리기'를 권한다. 아래의 활동은 당신이 그렇게 하는데 도움이 되도록 고안된 것들이다.

전문적인 돕기와 관련된 당신의 신념과 가치관을 짧은 문장으로 된 10개의 진술문으로 뽑도록 요구받았다고 상상해 보자(Conyne, 1997; Dolliver, 1991; Fontaine & Hammond, 1994; and Magnuson, 2000a에 의해 추천되고 모델화된 것임).

내가 나의 경력을 개발하던 여러 시점에 작성하였던 '격언들'은 다음과 같다.

- 나는 우리 학교에 있는 모든 학생들을 효과적이고 유능하게 도와 줄 수 있는 방법을 충분히 알지 못할 수도 있다. 따라서 전문가로서의 나의 생애를 통해

확장될 수 있는 학습 목록과 슈퍼비전에 전념하는 것은 필수적이다. 나는 학생들과 가장 효과적으로 작업하는 방법을 배우기 위해 학생들이 나를 가르치도록 드러나지 않게 초대해야만 한다.

- 내가 학생들에게 제공할 수 있는 가장 중요한 일은 그들이 문제에 대한 해결책을 찾고 해결을 하며 성장할 수 있도록 하는 관계를 맺는 것이다. 나는 학생과 내가 온전한 개입을 경험할 수 있도록 충분한 시간을 투자하여 아동의 삶에 개입할 수 있는 권리를 획득해야만 한다.
- 나는 학교에 있는 모든 학생들에게 책임이 있다. 사실 나는 일부 학생들에게는 유일한 지지자일 수 있다. 겉모습으로만 본다면 어떤 아이는 더럽고 사랑스럽지 않을 수 있다. 이 아동들은 나의 충성을 필요로 한다! 나는 그들을 저버릴 수 없다!
- 상담은 하나의 과학이자 예술이다. 어떤 예술 형태를 따르든 나는 나의 성격, 상담철학, 윤리기준 및 접근법들에다가 기본원리들과 이론들, 전략 및 중재를 섞고 혼합하며 종합해야 한다. 그 틀 안에서 나는 우리 학교의 각 학생들과 어른들의 독특한 욕구와 성격을 더 효과적으로 판단하고 반응할 수 있을 것이다.
- 나의 일은 특권이 있는 전문직이다. 내가 우리 학교 학생이나 어른들을 존중하고 무조건적인 긍정적 관심을 전달하지 못한다면 나는 내가 상을 받아야 한다고 주장했던 가치들과 함께 살고 있지 못한 것이다. 비록 내가 온전함과 진정성이 도착지가 아닌 여행이라고 믿고 있기는 하지만 순간순간 이 여행에 전념하고 있는 정도에 대해 모니터하고 평가해야만 한다.

이제는 당신 차례이다.뭐 과정을 시작할 때 그것을 당신의 것으로 여겨라! 당신이 적는 목록을 뭐라고 부르겠는가? 격언? 아이디어? 숙고? 전문가로서의 선언? 경구? 학교심리학자나 학교상담자로서의 당신의 역할에 관해 생각해 보라. 당신은 개인상담에 초점을 맞출 수도 있고 전문 조력자로서 한 학교의 모든 수준의 학생을 지도하는 역할을 맡을 수도 있다. 이제 당신은 스스로를 한정된 숫자의 진술문들에만 국한키지 말

라. 오직 지금 이 순간에는 당신에게 당면한 진술문들만 구성하라. 당신이 선택한 양식이나 한도에 관계없이, 우리는 당신이 이 활동을 시작하고 잠정적으로 결론을 내리기 전에 며칠 동안 다시 들여다보며 (a) 당신의 기본이 되는 틀로 여기고 (b) 전문적이고 개인적인 성장을 반영하는 이 기록을 수시로 다시 개정해 나갈 것을 권한다. 우리는 또한 당신이 쓴 진술문들을 동료들과 공유하기를 권한다.

여행 안내 정보 : 그림 6.1과 같은 그림으로 많은 전문 조력자들은 상담과정을 명료하게 이해하며 체계적으로 도움을 받을 것이다. 제안과 예들은 Magnuson (2000b)이나 Wubbolding(2011, p. 48)을 참고하라.

학교 기반 전문 조력자라는 사람 : 바로 당신!

Garry Landreth(2002)는 당신이 선호하는 양식이나 당신이 좋아할 부가적인 활동을 제공하였다. 또 그는 자신의 경험에 근거하여 아동과의 관계에 대한 원리 목록을 구성하였다. 그것은 "나는 __________ 이다(또는 아니다). 따라서 나는 __________ 을 할 것이다(또는 하지 않을 것이다)."이다. Landreth의 원리 중 선택된 몇 가지 예들을 읽고 나서 당신이 쓸 수 있는 유사한 진술문들에 대해 생각해 보라.

- 나는 모든 것을 아는 사람은 아니다. 따라서 모든 것을 아는 사람이 되고자 하지 않을 것이다.
- 나는 사랑받을 필요가 있다. 그러므로 나는 아이들을 사랑하기에 열려 있게 될 것이다.
- 나는 아동기의 복잡한 심정들에 대해 아는 바가 적다. 그러므로 나는 아동들이 나를 가르치도록 허용할 것이다.

- 나는 나의 개인적인 분투를 통해 가장 잘 배웠고 영향을 받았다. 그러므로 나는 분투하고 있는 아동들과 함께 할 것이다.
- 나도 때로는 피난처가 필요하다. 그러므로 나는 아동들을 위한 피난처를 제공할 것이다.
- 나는 있는 그대로의 나로서 완전히 받아들여질 때를 좋아한다. 그러므로 나는 아동이라는 한 사람을 있는 그대로 체험하고 이해하려고 노력할 것이다.
- 나도 실수를 한다. 그것은 내가 인간이고 실수할 수 있다는 것에 대한 선언이다. 그러므로 나는 아동의 인간다움을 참을 것이다.
- 권위를 갖는 것과 대답을 제공하는 것은 기분이 좋다. 그러므로 나는 나로부터 아이들을 보호하는 일을 열심히 할 필요가 있다.
- 나는 아동들의 상처나 공포, 좌절, 실망감을 없어지게 할 수는 없다. 그러므로 나는 그 충격을 완화할 것이다.
- 나는 취약할 때 공포를 경험한다. 그러므로 나는 취약한 아동의 내면세계를 친절하고 온화하며 부드럽게 만져줄 것이다. (pp. 5-7)

다시 당신의 차례다. 어느 진술문이 당신에게 반향을 일으키는가? 학교 기반 전문 조력자로서 당신의 일과 더 많이 관련이 있는 것은 어떤 것인가? 비현실적으로 보이는 것은 어떤 것인가? 당신은 무엇을 적고자 하는가? 네다섯 개의 진술문을 써보는 것만으로도 당신은 가능성의 시작을 알게 될 것이다.

우리의 전문적인 태도나 자세는 심리적 건강 및 개인적 성장과 분리될 수 없다. 그것이 당신에게는 어떤 의미인가? 많은 전문 조력자들이 개인이나 집단상담에 참여한다. 개인적 성장은 때로 개인이나 집단 슈퍼비전을 포함한다. 개인적 성장에 도전하는 문헌들 또한 활용될 수 있다.

당신이 당신의 경력 여행을 진행할 때 우리는 당신의 건강—육체적으로나 심리적으로나—이 나빠지지 않도록 보호하려고 하였다. 당신이 소진되어 가고 있고, 휴식이 필요하며, 삶의 균형을 잃거나, 당신의 에너지 및 흥미가 감소하거나, 자신과 타인에 대한 인내심이 약해진다는 지표가 나타난다면 그러한 지표들을 예의 주시하라. 개인적이고 전문적인 범주들 중에서 우선적인 것이 무엇인지를 명확하게 하라. 그리고 우선적인 일들을 당신의 계획 일정과 비교해 보라. 우리는 당신이 효과적인 방법으로 개인적인 성장을 할 수 있는 쪽으로 자신에게 헌신하라고 권한다.

하루가 끝날 즈음에 당신 사무실에 앉아서 계획한 몇 가지 일들에 더하여 예정에 없던 책임져야 할 일들이 생겼던 그날을 상상하라. 어떤 부모가 당신이 아침에 학교에 도착했을 때 이미 당신을 기다리고 있었다. 당신에게 자신의 아들과 친했던 할아버지가 호스피스 병동으로 이동하게 되었다는 것을 말하기 위해서 말이다. 그들은 당신이 그 아이를 수시로 점검해 주기를 바란다. 또 동료로부터 온 메모가 있었다. 당신에 대한 배양균 확인 결과가 패혈성 인두염이라는 메모이다. 초청 연사가 당신이 매주 하는 모임인 '경력에 관해 얘기합시다' 모임을 위해 왔다. 당신은 1차 점심시간(하루에 2번 점심시간을 나누어서 쓰는데 그중 첫 번째 점심시간을 말함–역주)에는 뜨개질 클럽(뜨개질을 하면서 이야기를 나누는 클럽임–역주)의 주최자를 해오고 있다. 2차 점심시간은 Key Club(봉사활동을 하는 미국에서 꽤 유명한 클럽임–역주)에서 만났다. 두 명의 학생이 개인적인 약속을 위해 당신의 사무실로 왔다. 당신은 연구기술집단을 이끌어야 했고 세 학급에서 분노 관리에 대한 수업을 안내해야 했다. 당신은 배가 고프며 바로 저녁을 먹어야 할 시간이다.

당신의 책상은—근본적으로—뒤죽박죽일 것이다. 당신에게는 3개의 전화 메시지가 와 있고 이메일을 볼 시간조차 없다. 건물은 비었다. 당신은 이메일과 전화 메시지를 확인할 기회를 가지며 책상을 청소하고 내일을 위해 준비해야 할 것도 있다. 그러면 저녁은 어떻게 하나? 그리고 거기에다가 당신의 목구멍마저 뜨끔거린다.

당신은 개인 생활인 저녁을 먹는 것과 "이것을 할 수 있는 사람은 나밖에 없어. 내가 하지 않는다면 이건 해결되지 않을 거야. 내가 지금 그것을 하지 않는다면 내일은 더 밀리게 될 거야."라고 생각하는 경향 사이의 긴장을 어떻게 관리할 것인가?

당신의 내적 지혜는 '당신은 휴식이 필요해'라고 하는 메시지(예 : 어떤 사람은 어깨나 앞이마에 긴장을 느끼기 시작한다)와 어떻게 소통할 것인가?

당신이 대학원생이었을 때 가장 효과적이었던 이완 전략은 어떤 것이었나?

당신은 어느 정도의 자기 돌봄 활동을 해야 할까?

통합

잠시 동안 당신에게 가장 그럴듯했던 이론들과 이전의 두 가지 활동에 대해 썼던 진술문 및 이번 학기에 당신이 성장한 것에 대해 되짚어 보자. 이 다양한 요소들을 어떻게 조화시킬 것인가? 당신의 근본적인 신념은 당신이 선호하는 이론과 어떤 점에서 모순을 보이는가? 이러한 긴장들이 나타나게 허용하고 그 다음에 그것들을 포용하라. 이런 수준의 의도성을 통해 당신은 이론과 당신의 개인적인 치료 자산 중 어느 것을 포기하지 않고도 그 이론과 당신의 개인적 치료 자산을 사용할 수 있는 방법을 찾게 될 것이다.

모든 말들에 대한 우리의 마지막 말!

우리가 '안녕'이라고 작별인사를 말할 때가 가까워지면서, 우리는 집단의 견고화하기와 관련된 과제를 마칠 수 있게 해 주는 자원을 점검하였다. 우리는 양가감정을 정상화시키고자 노력하였다. 우리는 당신이 우리와 함께 여행하면서 경험한 성장도 강화해 주었기를 바란다. 또 우리는 당신의 전문적인 성숙이 지속될 수 있는 전략을 공유하려고 노력하였으며 당신에게 상당한 철저함을 가진 통합을 이룰 것을 안내하였다. 그러나 당신이 우리 없이 당신의 일을 계속하려고 할 때 어떻게 완성을 촉진시켜 줄 것인가? 그리고 우리가 당신과 함께 한 작업의 효율성을 어떻게 평가할 수 있을 것인가? 당신이 우리가 제공한 자원과 경험이라는 짐을 풀어 놓게 될 때, 아마도 당신은 우리에게 그것을 알려 줄 수 있을 것이다.

그리고 그 초대와 더불어 우리는 당신에게 오래가고 성공하며 충만한 경력 여행이 되기를 간절히 바란다. 좋은 여행이 되기를!

● Sandy, Robyn, 그리고 Linda

참고문헌

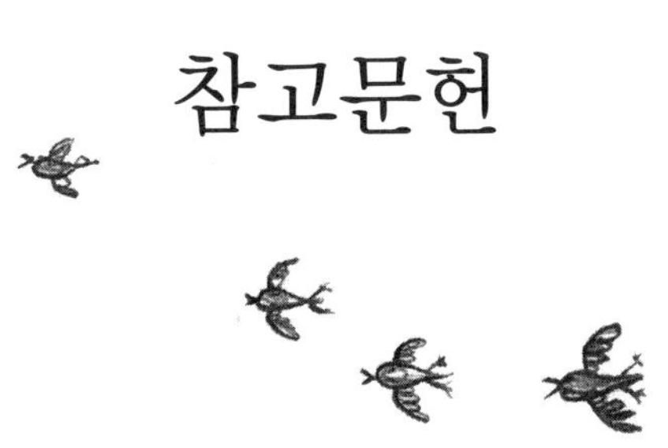

Bankart, C. P. (1997). *Talking cures: A history of Western and Eastern psychotherapies.* Pacific Grove, CA: Brooks Cole.

Beale, A. (1993). Contemporary counseling approaches: A review for the practitioner. *School Counselor, 40*(4), 282–286.

Berman, P. S. (2010). *Case conceptualization and treatment planning: Integrating theory with clinical practice.* Thousand Oaks, CA: Sage.

Combs, A. W., & Gonzalez, D. M. (1994). *Helping relationships: Basic concepts for the helping professions* (4th ed.). Boston: Allyn & Bacon.

Conyne, R. K. (1997). Group work ideas I have made aphoristic (for me). *Journal for Specialists in Group Work, 22,* 149–156.

Cowles, J. (1997). Lessons from "The Little Prince": Therapeutic relationships with children. *Professional School Counseling, 1,* 57–60.

Crone, D. A., Horner, R. H., & Hawken, L. S. (2010). *Responding to problem behaviors in schools: The behavioral education program* (2nd ed.). New York: Guilford.

D'Andrea, M., Daniels, J., & Heck, R. (1991). Evaluating the impact of multicultural counseling training. *Journal of Counseling and Development, 70,* 149–150.

Dolliver, R. H. (1991). The eighteen ideas which most influence my therapy. *Psychotherapy, 28,* 507–514.

Dreikurs, R. (1967). *Psychodynamics, psychotherapy, and counseling.* Chicago: Alfred Adler Institute.

Elliott, R., Shapiro, D. A., Firth-Cozens, J., Stiles, W. B., Hardy, G. E., & Llewelyn, S. P. (1994). Comprehensive process analysis of insight events in cognitive-behavioral and psychodynamic-interpersonal psychotherapies. *Journal of Counseling Psychology, 41,* 449–463.

Eysenck, H. J. (1970). A mish-mash of theories. *International Journal of Psychiatry, 2,* 140–146.

Faber, A., & Mazlish, E. (1992*). How to talk so kids will listen and listen so kids will talk.* New York: Avon.

Fontaine, J. H., & Hammond, N. L. (1994). Twenty counseling maxims. *Journal of Counseling and Development, 73,* 223–226.

Gladding, S. T. (2006). *The counseling dictionary: Concise definitions of frequently used terms* (2nd ed.). Upper Saddle River, NJ: Prentice Hall.

Gordon, T. (1970). *Parent effectiveness training: A "no-lose" program for raising responsible children.* New York: Peter H. Wyden.

Gordon, T. (1974). *T. E. T.: Teacher effectiveness training.* New York: Peter H. Wyden.

Greenberg, L. S., Watson, J. C., Elliott, R., & Bohart, A. C. (2001). Empathy. *Psychotherapy, 38,* 380–384.

Halbur, D. A., & Halbur, K. V. (2011). *Developing your theoretical orientation in counseling and psychotherapy* (2nd ed.). Upper Saddle River, NJ: Pearson.

Highlen, P. S., & Hill, C. E. (1984). Factors affecting client change in individual counseling: Current status and theoretical speculations. In S. D. Brown & R. W. Lent (Eds.), *Handbook of counseling psychology* (pp. 334–396). New York: Wiley.

Hill, C. E. (2004). *Helping skills: Facilitating exploration, insight, and action* (2nd ed.). Washington, DC: American Psychological Association.

Lambert, M., & Barley, D. E. (2001). Research summary on the therapeutic relationship and psychotherapy outcome. *Psychotherapy: Theory, Research, Practice, and Training, 38,* 357–361.

Landreth, G. L. (2002). *Play therapy: The art of the relationship* (2nd ed.). New York: Brunner-Routledge.

Magnuson, S. (2000a). Clarifying epistemology with statements of fundamental professional assumptions. *Journal of Humanistic Education and Development, 38,* 252–256.

Magnuson, S. (2000b). Clarifying a professional paradigm with a schematic model. *Guidance and Counselling, 16*(1), 9–11.

Maslow, A. H. (1965). A philosophy of psychology: The need of a mature science of human nature. In F. T. Severin (Ed.), *Humanistic viewpoints in psychology: A book of readings* (pp. 17–33). New York: McGraw-Hill.

Mennuti, R. B., Freeman, A., & Christner, R. W. (2006). *Cognitive-behavioral interventions in educational settings: A handbook for practice.* New York: Routledge.

Metcalf, L. (2008). *Counseling toward solutions: A practical solution focused program for working with students, teachers, and parents* (2nd ed.). San Francisco, CA: Jossey-Bass.

Murphy, V. B., & Christner, R. W. (2006). A cognitive-behavioral case conceptualization approach for working with children and adolescents. In R. B. Mennuti, A. Freeman, & R. W. Christner (Eds.), *Cognitive-behavioral interventions in educational settings: A handbook for practice* (pp. 37–62). New York: Routledge.

Neufeldt, S. A., Iversen, J. N., & Juntunen, C. L. (1995). *Supervision strategies for the first practicum.* Alexandria, VA: American Counseling Association.

Rogers, C. R. (1957). The necessary and sufficient conditions of therapeutic personality change. *Journal of Consulting and Clinical Psychology, 21,* 95–103.

Rogers, C. R. (1961). *On becoming a person.* Boston: Houghton Mifflin.

Rogers, C. R. (1980). *A way of being.* Boston: Houghton Mifflin.

Schon, D. A. (1987). *Educating the reflective practitioner.* San Francisco: Jossey-Bass.

Severin, F. T. (Ed.). (1965). *Humanistic viewpoints in psychology: A book of readings.* New York: McGraw-Hill.

Sklare, G., Portes, P., & Splete, H. (1985). Developing questioning effectiveness in counseling. *Counselor Education and Supervision, 25,* 12–20.

Smyth, J. (1989). Developing and sustaining critical reflection in teacher education. *Journal of Teacher Education, 40,* 2–9.

Stickel, S. A., & Trimmer, K. J. (1994). Knowing in action: A first-year counselor's process of reflection. *Elementary School Guidance & Counseling, 29,* 102–109.

Van Velsor, P. (2004). Revisiting basic counseling skills with children. *Journal of Counseling and Development, 82*, 313–318.

Wampold, B. E. (2001). *The great psychotherapy debate: Models, methods, and findings.* Mahwah, NJ: Erlbaum.

Watts, R. E. (1993). Developing a personal theory of counseling: A brief guide for students. *TCA Journal, 21*(1), 103–104.

Watzlawick, P., Beavin, J., & Jackson, D. (1967). *Pragmatics of human behavior: A study of interactional patterns, pathologies, and paradoxes.* New York: W. W. Norton.

Welch, I. D. (1998). *The path of psychotherapy: Matters of the heart.* Pacific Grove, CA: Brooks Cole.
Welch, I. D., & Gonzalez, D. M. (1999). *The process of counseling and psychotherapy: Matters of skill.* Pacific Grove, CA: Brooks Cole.
Wubbolding, R. E. (2011). *Reality therapy.* Washington, DC: American Psychological Association.

찾아보기

저자 소개

Sandy Magnuson은 사우스웨스트 미주리 주립대학교에서 1983년 초등학교 상담학 석사학위를 받았고 알라바마 대학교에서 상담자교육 전공으로 박사학위를 받았다. 알라바마, 텍사스, 콜로라도에 있는 상담자 교육 프로그램에서 교수를 하였고, 이후 콜로라도 주 그릴리에 있는 대학교의 초등학교 상담이라는 멋진 세계로 돌아왔다. 그녀는 2010년에 은퇴하였다. 상담자 교육자이자 학교상담자로서의 경력을 거치면서 그녀는 학교상담기구와 교육, 슈퍼비전에 적극적으로 참여하였었다. 또 그녀는 전문적 삶을 거치는 상담자들의 발전과 상담자들 슈퍼비전에 관한 연구를 시행하였다. Magnuson 박사는 전문 학술지에 60편 이상의 논문을 실었다. 그녀는 콜로라도 주의 공인 전문상담사이자 공인 학교상담자이며 미국 부부 및 가족치료학회의 인정된 슈퍼바이저이자 임상 회원이다.

Robyn S. Hess는 노던 콜로라도 대학교 학교심리학과의 장이자 교수이다. 그녀는 1987년에 상담심리학으로 석사학위를 받았고 1993년에 학교심리학으로 박사학위를 받았다. Hess 박사는 상담자, 학교심리학자, 학술위원으로서의 자신의 경험을 학구적이지만 그럼에도 실제적인 접근 방법을 제공하는 일과 융합시켜 학교 내에서의 상담과 정신건강 증진을 이해하고자 하였다. 그녀는 문화적으로 반응적인 평가와 중재 전략, 아동 및 청소년의 스트레스와 대처 방식, 고위험군 청소년의 학업 완수 영역에서 국내외적으로 책과 논문을 출간하였다. 지난 6년에 걸친 그녀의 교수과목은 상담실제의 개론과 아동 정신건강 등을 포함하였다. Hess 박사는 콜로라도 주의 공인심리학자이자 학교심리학자이다. 또 그녀는 미국 전문심리학회에서 주고 학교심리학 영역에서 인정하는 자격증을 가지고 있다.

Linda Beeler는 카펠라 대학교 상담자교육학과 학교상담 전공의 주요 교수로 재직 중이다. 그녀는 2001년 노던 콜로라도 대학교에서 상담자교육과 슈퍼비전 전공으로 박사학위를 받고 그때 이후로 공립학교에서 일하기 시작했다. 그녀는 높은 욕구와 위기상의 청소년을 상담하는 일에 전념해 왔고 학교에서의 위기중재상담에 적극적으로 참여해 왔다. Beeler 박사는 부가적으로 현재의 학교상담자와 훈련 중인 학교상담자에 대한 슈퍼비전에 몰두하고 있다. 그녀는 공인 임상 슈퍼바이저 자격증을 가지고 있다.

옮긴이 소개

양돈규

중앙대학교 학부와 대학원에서 심리학을 전공하여 학사, 석사 및 박사학위를 받았고, 한국심리학회와 한국상담심리학회의 상담심리사(1급) 및 중독상담심리전문가(1급)이다. 중앙대 대학원, 서울여대 교육대학원, 상명대 정치경영대학원, 그리스도대 및 대진대 교육대학원 등에서 상담심리, 발달심리 및 심리학 등의 강의를 해왔다. 중앙대학교 학생생활상담센터 전임상담연구원, 중앙대학교 심리학과 겸임교수, 세명대학교 학생생활연구소 상담교수, 한국양성평등교육진흥원 교수를 역임하였고, 현재 마음발달심리상담센터 대표로 있다. 저서 및 역서로는 ADHD 아동의 재능(공역, 시그마프레스), 청소년 스트레스와 정신건강(공역, 학지사), 인간행동과 심리학(공저, 학지사), 아동 연구의 이해와 방법(공역, 박학사), 심리학사전(박학사) 등 15권이 있고, 40편 이상의 논문과 연구보고서가 있다.

이철원

중앙대학교 심리학과를 졸업한 후 서울대학교 대학원 심리학과에서 임상심리학으로 석사학위를 받았다. 서울대학교병원 임상심리연수원에서 임상심리전문가 수련을 받았고 임상심리전문가(58호)와 정신보건임상심리사1급(47호) 자격을 취득하였다. 중앙대학교 대학원에서 임상심리학으로 박사학위를 받았다. 「충동성이 추적과제의 속도-정확성 길항에 미치는 영향」으로 박사학위논문을 썼으며 심리학의 이해(학지사), 직무스트레스의 이해와 대처(자상의 놀이터) 등의 저서 및 30여 편의 논문이 있다. 강의는 중앙대, 가톨릭대, 명지대, 상명대, 숭실대에서 하였고 현재는 충북대와 한신대에서 임상심리학 전공 대학원생들을 대상으로 하고 있다. 1993년부터 20여 년간 개인상담 클리닉을 운영하였으며 현재는 여의도에서 마음힐링센터 자인이라는 명칭으로 상담소를 운영하고 있다. 개인상담과 심리치료, 심리평가를 하고 슈퍼비전도 하고 있다. 또한 스트레스 관리, 연구 자문, 심리검사 개발 업무도 하고 있다.